集刊 中国学术期刊（光盘版）全文收录期刊

中国—东盟研究

CHINA-ASEAN STUDIES

2018年第四辑（总第八辑）

中国—东盟区域发展协同创新中心◎编

中国社会科学出版社

图书在版编目(CIP)数据

中国－东盟研究.2018年.第四辑：总第八辑／中国—东盟区域发展协同创新中心编.—北京：中国社会科学出版社，2018.12

ISBN 978－7－5203－4714－3

Ⅰ.①中…　Ⅱ.①中…　Ⅲ.①自由贸易区—区域经济发展—研究—中国、东南亚国家联盟　Ⅳ.①F752.733

中国版本图书馆 CIP 数据核字（2019）第 141500 号

出 版 人　赵剑英
责任编辑　高　歌
责任校对　王　斐
责任印制　戴　宽

出　　　版　中国社会科学出版社
社　　　址　北京鼓楼西大街甲 158 号
邮　　　编　100720
网　　　址　http：//www.csspw.cn
发 行 部　010－84083685
门 市 部　010－84029450
经　　　销　新华书店及其他书店

印刷装订　北京君升印刷有限公司
版　　　次　2018 年 12 月第 1 版
印　　　次　2018 年 12 月第 1 次印刷

开　　　本　710×1000　1/16
印　　　张　13.5
插　　　页　2
字　　　数　222 千字
定　　　价　66.00 元

《中国—东盟研究》编辑部

魏　玲：外交学院中国外交理论研究中心主任

李晨阳：云南大学社会科学处处长、缅甸研究院院长

张振江：暨南大学国际关系学院院长、华人华侨研究院院长

李建军：中央财经大学金融学院院长

范宏伟：厦门大学南洋研究院副院长、《南洋问题研究》主编、编辑部主任

李明江：新加坡南洋理工大学副教授

胡逸山：马来西亚战略与国际问题研究所研究员

程　成：广西大学中国—东盟研究院副院长

主编兼编辑部主任：王玉主

执行主编兼编辑部副主任：程成

副主编：王海峰

责任编辑（按姓氏笔画排序）：陈园园、李希瑞、杨玉君、蓝襄云

目录
CONTENTS

会议综述

附　录

Contents

Feature Article

Regional Study

International Finance and Trade

Country Studies

Conference Review

Appendix

特　稿

Feature Article

中国与东盟：共建"21世纪海上丝绸之路"的现实与前景

裴贵春　于洪君

【摘要】2018年是习近平主席提出"一带一路"倡议5周年，也是中国改革开放40周年。"一带一路"国际合作在东盟国家取得重要进展，已经从开垦播种的起步阶段转入落地生根、开花结果的全面推进阶段。如同世界上任何新生事物一样，"一带一路"在东盟地区不可避免地遇到了各种各样的困难、风险和挑战。我们要深化战略思考，完善谋篇布局，打造政治互信、经济融合、文化包容的发展共同体、利益共同体、责任共同体和命运共同体。

【关键词】一带一路　国际合作　东盟

【作者简介】裴贵春，中国人民大学国际关系学院2015级博士研究生，研究方向为中国周边外交与对外战略、东北亚安全、日本外交与中日关系；于洪君，中国人民争取和平与裁军协会副会长、中联部原副部长兼当代世界研究中心主任、中国驻乌兹别克斯坦共和国前大使、第十二届全国政协外委会委员，职业外事工作者和国际问题专家，博士生导师，国防大学防务合作学院、国家行政学院、广西大学、中国人民大学、清华大学、吉林大学、暨南大学、华侨大学等十多所高校特聘专家，兼职或客座教授，长期致力于世界社会主义问题、当代国际关系与中国外交、世界政党政治等问题研究。

2013年9—10月，习近平主席访问中亚和东南亚，相继发出了中国与欧亚国家创新合作模式，共同建设"丝绸之路经济带"，与东盟国家加强海上合作，用好海上合作基金，共同建设"21世纪海上丝绸之路"两个倡议。10月，中央召开周边外事工作座谈会。习近平总书记在会上提出："做好新形势下周边外交工作，要从战略高度分析和处理问题，提高驾驭全局、统筹谋划、操作实施能力。要着力维护周边和平稳定大局，维护周边和平稳定是周边外交的重要目标。要着力深化互利共赢格局，积极参与区域经济合作，加快基础设施互联互通，建设好丝绸之路经济带、21世纪海上丝绸之路，构建区域经济一体化新格局。"① 自此，共建"丝绸之路经济带"和"21世纪海上丝绸之路"被统合为"一带一路"倡议。后来召开中央经济工作会议时，习近平总书记站在更高的历史方位上，进一步诠释和解读了"一带一路"的时代价值与历史意义，明确提出要"推进丝绸之路经济带建设，抓紧制定战略规划，加强基础设施互联互通建设。建设21世纪海上丝绸之路，加强海上通道互联互通建设，拉紧相互利益纽带"。② 可见，"一带一路"建设是以习近平为核心的党中央着眼于世界格局深刻变革和中华民族伟大复兴而做出的重大决策，是社会主义新时代中国进一步扩大对外开放，加快走向世界舞台中央的重大举措，同时也是中国共产党和中华民族向世界提供的最重要的公共产品，是中国在国际形势变幻莫测之际为人类社会搭建的规模最大的互利合作平台。"一带一路"倡议的提出，标志着中国将更加广泛和深刻地融入经济全球化进程，将在周边事务和全球治理中发挥更大的作用和影响。

一　合作成果颇丰，示范效应彰显

中国古代著名思想家司马迁说过，"夫作事者必于东南，收功实者常于西北"。这是中国古代先哲对中华民族与外部世界，特别是与周边地区关系的发展变化所作的规律性认识和总结。其大体意思是说，开创事业必定始于东南，获取果实往往要在西北。习近平提出的"一带一路"倡议的

---

① 《习近平在周边外交工作座谈会上发表重要讲话》，新华网，2013年10月25日，http：//www.xinhuanet.com//politics/2013 - 10/25/c_ 117878897.htm，登录时间：2018年12月15日。

② 《习近平在中央经济工作会议上发表重要讲话》，新华网，2013年12月13日，http：//www.xinhuanet.com//photo/2013 - 12/13/c_ 125857613.htm，登录时间：2018年12月15日。

发力点，恰好历史地定位于西北和东南。借用《史记》中的这句话来观察和思考中国与东盟在"一带一路"框架下的合作，我们更加清楚地认识到，东盟在我国与周边国家共建"一带一路"的伟大事业中，具有举足轻重的特殊地位和作用。

目前，中国与东盟的关系正处于历史上最好时期，习近平主席在东盟总部所在地印度尼西亚首都雅加达发出共建"21世纪海上丝绸之路"的倡议，使东盟国家所在的东南亚地区，成为我国推进"一带一路"国际合作的优先地带和重点区域。5年多来，"一带一路"建设框架下的互联互通，在东南亚地区先行先试，取得重要进展，示范带头作用非常明显。总结起来，主要表现在以下几个方面：

第一，共建"一带一路"成为地区广泛共识。2017年5月，东盟有7个国家，即越南、柬埔寨、印度尼西亚、菲律宾、老挝、缅甸、马来西亚的领导人来北京参加中方举办的首届"一带一路"国际合作高峰论坛。据统计，截至2018年8月，东盟有7个国家，即老挝、柬埔寨、越南、缅甸、新加坡、马来西亚、泰国与中国签署了共建"一带一路"合作文件。其中，老挝、马来西亚、柬埔寨、菲律宾等国还与中国签署了产能合作文件。可以说，积极参与"一带一路"建设，加强与中国的发展战略对接，加快本国基础设施建设，提高经济"造血"能力，已成为东盟国家的广泛共识。

第二，基础设施互联互通取得实质性进展。基础设施互联互通是"一带一路"建设的核心内容，也是"一带一路"国际合作早期收获的重点领域，更是中国投入最多的领域。中国与东盟国家共同打造硬件、软件、人文交流"三位一体"的地区互联互通网络，建设的很多"旗舰项目"成效显著。例如，印尼雅万高铁全面开工，项目征地拆迁正在加快推进，全线控制性和重难点工程土地陆续交付使用，项目资本金及银行贷款按照建设需要落实到位。中老铁路进入全面建设施工阶段。中泰铁路项目一期工程动工建设。中缅油气管道项目实现全线运营。中国—新加坡互联互通南向通道建设，中国与印尼的"区域综合经济走廊"合作，均已全面启动。中国—东盟航空运输市场，已经超越日本、韩国等，成为中国在周边地区最大的国际航空运输市场。

第三，经济走廊建设稳步推进。2015年3月中国政府发布的"一带一路"建设白皮书，将所有东盟国家包含在"中国—中南半岛经济走廊"建设规划之中。作为东盟成员国的缅甸，同时还是"孟中印缅经济走廊"建设构想的重要参与方。随着中国与东盟各国互联互通建设步伐不断加快，中越两国"两廊一圈"规划（即双方相关省区共同建设昆明经河内至广宁、南宁经河内至广宁两条经济走廊以及北部湾经济区的规划），已初具规模。中国与老挝的经济走廊、中国与缅甸的经济走廊建设也已进入规划设计和分步推进的实施阶段。待中巴经济走廊条件成熟后逐步向阿富汗拓展的计划，也已提上日程。

第四，产能合作全方位多领域展开。中国与"一带一路"沿线国家的贸易投资合作不断扩大，其中一个重要方面就是在境外建立经贸合作区，为沿线国家培养"造血"功能。至 2018 年 8 月，中国与"一带一路"沿线国家总共建成 80 多个境外经贸合作区，为当地创造了 24.4 万个就业岗位。在东盟国家，中柬西哈努克港经济特区、中老磨憨—磨丁经济合作区、万象赛色塔综合开发区、中印尼综合产业园、中马"两国双园"（即广西钦州工业园和马来西亚彭亨关丹工业园）总体进展顺利。中越深圳—海防经贸合作区、中马马六甲临海工业园区、中缅皎漂经济特区深水港和工业园区项目，均已启动并在有序推进。

第五，民心相通工作不断深入并扎实推进。中国与东盟各国的人文交往源远流长，多年来双方一直互为最大旅游合作伙伴。以 2018 年夏季为例，每周多达 2700 余架次航班往返于中国大陆与东盟国家之间。双方每年人员往来将近 4000 万人次，其中，越、马、菲、缅四国来华旅游人数年超百万。中国在东盟国家的留学生目前已达 12 万人，东盟国家在华留学人数超过 8 万。中国在东盟国家设立 60 余所孔子学院和孔子课堂，建成 30 多所中国—东盟教育培训中心。中国与东盟各国多层次、多领域的人文交流与媒体合作不断扩大，中国对东盟国家的援助不断向民生领域及"一带一路"重大项目倾斜。中国与东盟各国民间友好交往与人文领域合作卓有成效。

第六，与"一带一路"合作相联系的机制与平台建设等配套工作日渐完善。一方面，中国国家层面的政策与规划相继出台，顶层设计日趋严密和完整。中央各部门以及中央和地方分工协作，合力推进。另一方面，投融资平台顺利运行，为"一带一路"建设提供有力的资金支撑。中方主导建立的亚洲基础设施投资银行正式运营后，其成员已增至 87 个，东盟十国悉数加入。亚投行资助印尼等国的首批项目也已出台。中方建立的丝路基金规模扩大，实质性项目投资在加快。此外，中方为中国—东盟合作基金增加资金，并且在东盟秘书处设立了专门的基金管理团队。国内各类金融机构"走出去"步伐加快，中资商业银行和政策性银行网点布局已经覆盖东盟所有国家。

上述可见，"一带一路"国际合作在东盟地区主要有四大领域：一是基础设施互联互通，二是能源资源开发利用，三是产能转移与投资合作，四是民间交流和人文合作。这四大领域的合作之所以总体顺利，主要得益于如下四大支撑：一是体制机制支撑，即中央统一领导，各部门、地方和相关企业共同发挥作用，各尽所能、优势互补，形成干大事与创大业的合力。二是政策支撑，即政府部门牵头，与有关国家形成政府间协议，同时在项目审批、财政税务等方面给予相应支持和政策倾斜。三是金融支撑，即由开发性金融机构牵头操作投资额度大的项目，同时通过搭建新的投融资平台提供强有力的资金支持，另外鼓励和支持企业自筹资金。四是地方合作支撑。作为国家间合作的重要组成部分，地方合作已成为具体合作成果惠及地方与基层的重要渠道。以广西为例，2013年成立的中国—东盟港口城市合作网络，秘书处设在广西钦州，运行较好。中马共建的"两国双园"，成为中国与马来西亚的重要产业合作项目。广西北部湾港是中国距离东盟最近的港口群，在"21世纪海上丝绸之路"建设中扮演对接东盟的重要角色，在中国—新加坡"南向通道"建设中起着枢纽核心作用。截至2017年，广西的北部湾港已与东盟七国47个港口实现海上运输往来，29条外贸航线实现了对东盟主要港口的全覆盖。2018年上半年，广西对"一带一路"沿线国家进出口贸易突破千亿大关，总额达1041亿元，增幅为9.5%，成绩显著。

二　强化风险意识，健全防范机制

"一带一路"建设作为人类历史上前所未有的国际合作大计，不但涉及参与方的发展利益，同时也事关各方的安全利益，并且还会遇到许多国际法问题和国家主权问题，需要各方在发展战略和机制体制方面实现最大限度的对接与融合。如同世界上任何新生事物一样，"一带一路"建设全面推进，在东盟地区也不可避免地会遇到各种各样的困难、风险和挑战。对此，我们要有清楚的认识和估计，不但要有必要的防范和准备，还要建立健全预警和应急机制。

第一，政局变幻的风险度不可低估。东盟国家的历史背景和基本制度各不相同，经济与社会发展水平差别很大。有些国家政党轮替频繁，政策稳定性差。多文明交汇、多力量交织、安全形势复杂在东盟地区表现突出。中国与东盟共建"21世纪海上丝绸之路"，不可避免地会涉及相关国家在南海的岛礁主权和海洋权益争端，涉及海上战略通道、重要港口准入权和控制权之争，博弈未有穷期。在此背景下，东盟多数国家对"一带一路"表现出了积极的态度，但个别国家公开表态和实际态度并不一样，可能心存疑忌。从战略上看，有的国家秉持"安全上靠美国，经济上靠中国"的大国平衡战略，有的国家认为"一带一路"是中国的地缘政治大棋局，对全面推进"21世纪海上丝绸之路"建设感到不适。从实利方面看，目前中国在东盟国家的投入多为基础设施、能源资源等大项目，牵动所在国的政治生态和利益格局，有些项目因此成为所在国政治内斗的"热点"。也有国家对"一带一路"项目抱有"捞实惠、早得利"等投机心理，合作中诚意不足。不久前马来西亚政权例行更迭，中马合作的一些重大项目被叫停，其后果和影响不可谓不重。

第二，恐怖袭击等安全风险将长期存在。这几年的国际反恐形势依然十分严峻。一方面，在国际社会的共同努力下，国际反恐斗争取得积极进展，盘踞在阿富汗的"基地"组织基本被摧毁，在叙利亚等地猖獗一时的"伊斯兰国"，在中东战场被打得七零八落。另一方面，恐怖主义组织易毁，思想难除。化整为零的国际恐怖分子，以"群狼"加"独狼"的血腥方式奔袭全球，突如其来的恐怖活动竟"遍地开花"，任何国家都不是净土，都无法独善其身。在东南亚地区，恐怖主义回流问题相当突出。一些"独狼"式的恐怖袭击，亦即一两个人发动的恐怖袭击，几乎成为常态，2018年5月发生在印尼泗水的教堂爆炸案即是如此。"一带一路"建设越有成就，就越是受到关注，遭受恐怖袭击的风险就越大。

第三，域外势力的牵制和干扰不能不防。对于"一带一路"国际合作的顺利推进，并非所有国家都能坦然接受。美国害怕中国因"一带一路"建设在亚洲做大做强，从而分化弱化美国的亚太同盟体系，最终将美国"挤出亚洲"。日本对"一带一路"倡议的态度充满矛盾，既希望搭乘"一带一路"顺风车分享利益，又不愿中国主导或引领这种新型国际合作，因而主张在所谓"印太战略"框架下开展合作。印度对"一带一路"建设抵触尤甚，是中国周边国家中唯一缺席"一带一路"国际合作高峰论坛的国家。欧洲也有人认为，中国会借助"一带一路"对欧盟分而治之，因而对"16＋1"即中国与中东欧国家务实合作心存芥蒂。即便在俄罗斯，也有人担心"丝绸之路经济带"影响俄罗斯主导建立的欧亚经济联盟。可以预见，随着中国与东盟"一带一路"国际合作不断向纵深发展，某些国家或势力的焦虑和不安还会上升。作为"一带一路"替代方案的所谓"印太"经济投资倡议、亚非经济增长走廊计划，都是由此而来的。

第四，负面舆情的消极作用不断增大。在当前国际话语权体系中，"西强我弱"的局面仍未改变，个别国家的媒体总是剑指中国。美国等西方媒体诋毁"一带一路"是"借贷陷阱"，是"掠夺性经济行为"，是"新殖民主义"和"国家资本主义"，诬称中方通过亚投行转嫁国内债务、输出坏账和"僵尸"企业负担，指责"一带一路"项目实施不透明，违反劳工、环保、公开采购等国际规则和标准。个别东盟国家媒体也借助征地、拆迁、环保、劳工权益等问题攻击中国企事业在当地的建设项目。某些民众没有从"一带一路"项目中直接受益，滋生不满，很容易被西方背景的非政府组织和不良媒体推向反面，导致群体性事件发生。此外，个别中国公民不遵守所在国法律，个别中资企业不积极履行社会责任，对工程质量、经营秩序、生态保护、劳资关系重视不够，对民生项目投入不足，不重视宣传公关，也容易让外方抓住把柄。

第五，走出去的企业"水土不服"问题比较突出。除了可以预见的政治风险外，中国走出去的企业在东盟国家经营，还面临经济体制机制不同、营商环境不同等问题。有的国家保护主义抬头，市场准入限制增多，有的国家法律制度不透明，政策缺乏连续性，产业支撑条件差，贪腐问题严重，有的国家主权信用评级低，负债率居高不下，抗风险能力弱，币值稳定性差。中国企业在跨国经营、风险管控方面也存在短板，面临知识和经验不足、力量和人才严重短缺、综合运用国内国际两种规则的意识不强等问题。

三 深化战略思考，完善谋篇布局

中国与东盟各国共建海上丝绸之路，开展"一带一路"国际合作，是一项复杂的系统工程，也是一项需要长期努力的艰巨事业，不能一蹴而就。2018 年是习近平主席提出"一带一路"倡议 5 周年，中国改革开放 40 周年，也是东盟第二个 50 年的开局之年，中国—东盟建立战略伙伴关系 15 周年。习近平主席指出："东盟成立半个世纪以来不断发展壮大并建成共同体，为维护地区和平稳定发挥了重要作用，已成为世界多极化发展的一支代表性力量。"① "一带一路"国际合作在东盟国家已经从开垦播种的起步阶段，转入落地生根、开花结果的全面推进阶段。未来若干年内，继续推进"一带一路"建设，必须进一步深化战略思考，事无巨细地完善谋篇布局。

第一，夯实基础，深化双边关系。中华民族和平崛起需要睦邻友好、稳固安定的周边环境，任何合作都要以双边关系友好坚实为基础。东南亚是中国周边外交的优先方向，我们要坚持睦邻友好，坚持互利共赢，坚持践行"亲、诚、惠、容"的外交理念，与东盟国家共享发展机遇。在"一带一路"框架下开展合作，特别要注意因国施策，针对各国的不同关切和不同需求，才能"有的放矢""对症下药"。东南亚各国发展程度不一，经济合作需求不同，我们要展现大国气度，在合作中始终秉持正确义利观，充分考虑和照顾合作伙伴的正当权益与合理诉求，将推进"一带一路"建设与各国经济发展的实际需求深度对接。要继续倡导和实践我国与邻国在长期互动过程中形成的相互尊重、平等相待、协商一致、照顾各方舒适度的亚洲方式，寻求我们与东盟各国的利益共同点和最大公约数，在此基础上制订国别合作规划，切实帮助东南亚国家增强自主发展能力。要加强区域合作，以多边促双边，推动中国—东盟关系进一步实现从量的积累到质的飞跃，从快速发展的成长期迈入提质升级的成熟期，进入全方位发展的新阶段。我们要继续提升与东盟的合作水平，在坚持中国与东盟即"10 + 1"合作的同时，灵活多样地进行"1 + X"的小多边合作。要坚定致力于自由贸易和区域经济一体化，妥善应对贸易保护主义，尽快推动达成"区域全面经济伙伴关系协定"（RCEP）。

第二，完善体制，健全机制。其一，要加强中国与相关国家的协调与合作。除常规性的战略对接和政策协调外，也可全部建立单独的协调机制，从政府层面解决"一带一路"推进的重大问题。习近平主席在"一带

---

① 《习近平就东盟成立 50 周年向东盟轮值主席国菲律宾总统杜特尔特致贺电》，新华网，2017 年 8 月 8 日，http://www.xinhuanet.com/politics/2017 - 08/08/c_ 1121449525. htm，登录时间：2018 年 12 月 20 日。

一路"国际合作高峰论坛上提出，中国将设立"一带一路"国际合作高峰论坛后续联络机制（外交部国际经济司设有专门处室）、成立财经发展研究中心（设在厦门国家会计学院）、建设促进中心（设在发改委）等。2019年举办第二届"一带一路"国际合作高峰论坛时，我们可考虑培育新的机制，譬如设立争端调解机制，就知识产权、劳资矛盾等问题进行协调，可以在与我国有"铁杆关系"的国家进行试点。其二，要加强国内的集中领导和统筹协调。中央层面要有顶层设计，完善法律法规和管理体制。各部门之间要建立跨部门协调机制，克服本位主义和部门利益的思维障碍，努力形成一盘棋思维，齐心协力干大事。地方要制定并落实各具特色的实施方案，防止低水平同质竞争。要运用本地资源，发挥比较优势，创立鲜明的地方合作品牌。针对友好省市，做好"一对一"订制合作。其三，走出去的企业，特别是国有大企业，要充分发挥"一带一路"国际合作主力军作用。要从传统的工程承包逐渐转向投资、工程、运营综合性开发，要与沿线国家企业加强对接，尽最大可能做到机遇共享、风险共担、成果共有。要打造企业"出海"的"航空母舰"，通过明星企业的对外拓展，为"一带一路"国际合作示范引路。要充分发挥中资企业协会的作用，规范企业竞争关系，鼓励抱团合作。对在境外搞恶性竞争的"害群之马"，要严厉惩处。

第三，完善布局，突出重点。我们要以基础设施和产能合作为重点，以资源、能源和金融合作为开拓方向，以人文交流为纽带，扎实推进"一带一路"建设，形成中国与东盟各国广泛联通的交通网、自贸区、产业带、人文圈。要构建以市场为基础、企业为主体的区域经济合作机制，努力形成政府、市场、社会有机结合的合作模式，形成政府主导、企业参与、民间促进的立体格局。重点推进中老铁路、中泰铁路、雅万高铁和中新南向通道等大项目建设，争取早日形成泛亚铁路网，打造区域互联互通典范。要着力解决投资贸易便利化问题，加强中国与老挝、马来西亚、缅甸等国的产业园建设，打造产能合作亮点。

第四，做大做强投融资支撑。目前美国高举保护主义大旗，减税、加息，促使美元从海外回流，国际市场资金紧张，新兴市场国家爆发债务危机、经济危机、汇率危机的概率增大。面对东盟国家对金融合作需求增大的情况，我们既要对无关技术和产业发展的对外投资加强审核监管，又要借助市场化融资模式，对"一带一路"重点项目适当放宽贷款条件。在融资安排上,要加强机制创新,拓宽融资渠道,探索政府、社会资本多元投入模式。要发挥援外资金的先导作用,影响较大的项目可由开发性金融机构牵头,带动和吸引民间资本参与。此外,我们要以"一带一路"为载体,推动人民币率先走向东盟国家,加快双边货币互换及人民币清算在东盟的全覆盖,鼓励东盟国家持有更多人民币资产,推动人民币成为本地区贸易、投资和外汇储备的主要基础货币。

第五,进一步加大民心相通工作。"国之交在于民相亲",要坚持做好对东盟国家高层和社会精英的政策沟通,同时在基层精耕细作。要做好"项目外交",切实投入资源做重大项目所在地政府和民众的工作,处理好环保、拆迁等涉及民众利益的民生问题,搞好与大项目相配套的民生工程,发挥好企业的社会责任,展现出可视化成果,为项目实施创造良好环境。要用好"援助外交",以国家国际发展合作署成立为契机,梳理援外体制机制,完善法律法规,丰富援外资金投入渠道,真正把钱用在刀刃上。推动民生援助与"一带一路"大项目统筹规划、配套实施,争取项目未动,民生先行。要做强"民间外交",推动有资质的社会组织走出去,补齐我国在境外没有非政府组织这个"短板"。积极开展与新媒体和意见领袖的交流合作,用好"外脑""外嘴",讲好"一带一路"互利共赢故事,把中国梦与东盟各国人民过上美好生活的愿望以及地区发展前景对接起来,让命运共同体意识深入民心。

当前,国际形势复杂多变的特点比以往任何时候都更加突出。中国作为一个发展中的、负责任的社会主义大国,以倡导建立新型国际关系、推动构建人类命运共同体为中国特色大国外交的终极目标和最高使命。在2017年召开的党的十九大上,习近平总书记再一次向全世界宣告:"中国坚持对外开放的基本国策,坚持打开国门搞建设,积极促进'一带一路'国际合作,努力实现政策沟通、设施联通、贸易畅通、资金融通、民心相通,打造国际合作新平台,增添共同发展新动力。"[①] 2018年8月,中央有关方面召开推进"一带一路"建设五周年座谈会,习近平总书记在会上又明确提出:"我们要坚持对话协商、共建共享、合作共赢、交流互鉴,同沿线国家谋求合作的最大公约数,推动各国加强政治互信、经济互融、人

---

① 《习近平:决胜全面建成小康社会 夺取新时代中国特色社会主义伟大胜利——在中国共产党第十九次全国代表大会上的报告》,新华网,2017年10月27日,http://www.xinhuanet.com//2017-10/27/c_1121867529.htm,登录时间:2018年12月15日。

文互通，一步一个脚印推进实施，一点一滴抓出成果，推动共建'一带一路'走深走实，造福沿线国家人民，推动构建人类命运共同体。"①

中国与东盟各国在"一带一路"框架下开展全面合作，共同建设"21世纪海上丝绸之路"，目的是要打造政治互信、经济融合、文化包容的发展共同体、利益共同体、责任共同体和命运共同体。发展共同体是起点，利益共同体是基石，责任共同体是保障，命运共同体是最高阶段。尽管合作过程中可能遇到这样或那样的麻烦，个别企业或个别项目可能出现这样或那样的问题，某些别有用心的势力可能继续搬弄是非，制造矛盾，但中国与东盟在"一带一路"框架下的互利合作与联动发展，将会更加广泛和深入地向前发展。中国与东盟互利合作的新成果、新经验，有可能为我们在其他地区推进"一带一路"建设提供新范例，开辟新路径。总而言之，还是那句老话：道路是曲折的，前途是光明的。

China and ASEAN Countries： Reality and Prospect of Building the 21st-Century Maritime Silk Road

Pei Guichun   Yu Hongjun

Abstract   This year marks the fifth anniversary of the Belt and Road Initiative suggested by President Xi Jinping and the 40th anniversary of China's reform and opening up. The initiative has promoted our international cooperation with the ASEAN countries to enter the phase of comprehensive development. Although important progress has been made, the initiative has encountered difficulties, risks and challenges. It is necessary to improve strategic thinking and planning to create a community of mutual political trust, economic integration, and cultural inclusion with a shared development, shared interests, shared responsibilities and a

---

① 《习近平出席推进"一带一路"建设工作5周年座谈会并发表重要讲话》，2018年8月27日，http://www.gov.cn/xinwen/2018-08/27/content_5316913.htm，登录时间：2018年12月15日。

shared future.

Key Words　　the Belt and Road Initiative; International Cooperation; ASEAN

Authors　　Pei Guichun, Ph. D. candidate in the School of International Studies at Renmin University of China. His research areas include China' s neighborhood diplomacy and foreign strategy, security issues in Northeast Asia, Japan' s diplomacy and China-Japan relations; Yu Hongjun, Vice President of the Chinese People' s Association for Peace and Disarmament (CPAPD), former Vice Minister of the International Department Central Committee of CPC, former Director-General of the China Center for Contemporary World Studies, former Chinese Ambassador to Uzbekistan, Member of the 12th CPPCC Foreign Affairs Committee, a professional diplomat and expert in international affairs, and also a doctoral advisor. He served as a special expert, part-time or visiting professor of many universities including the National Defence University PLA China, China Academy of Governance, Guangxi University, Renmin University of China, Tsinghua University, Jilin University, Jinan University, and Huaqiao University. His research areas include the world socialism issues, contemporary foreign affairs and China' s diplomacy, world party politics.

区域研究

Regional Study

从利益分享机制视角看美国"印太战略"的运作困境与发展走势

黄兴年

【摘要】 美国"印太战略"是在地缘经济、政治力量格局发生大变动的背景下，对其亚太轴辐结构联盟体系所进行的网络化扩展和转型升级，以日、印、澳等国为支点覆盖"印太"地区，希望以此维护和巩固美国主导的"印太"秩序与遏制新的竞争主体。但这一战略存在内在困境：一方面是其运行成本高昂，"美国优先"的价值导向必然要求参与者分摊更多成本与承担更多义务，但对于如何分摊成本与承担义务则缺乏共同规则，只能寄希望于美国随机性强制化一事一议，成本高而收益无保障；另一方面则是该战略缺乏行之有效的利益分享机制，这将直接增加美国"印太战略"运转的不确定性，会引发更多矛盾，从而运作困难。中国理应继续推行合作共赢与惠邻睦邻的对外交往政策，扩大中美朋友圈的交集以构建"印太"命运共同体，削弱乃至消除美国的"印太"联盟对中国发展带来的负面影响与冲击。

【关键词】 "印太战略"　成本分摊　利益分享　运作困境

【基金项目】 山东省社科规划项目"产品内国际分工的路径依赖与促进山东产业结构升级的政策选择"（S1056）。

【作者简介】 黄兴年，美国纽约州立大学（布法罗）高级访问学者，教授、博士。

　　强调"美国优先"的特朗普政府，将这一原则贯彻落实到国际政治与经济的方方面面。在经济上，美国强调双边而非多边协定，这也使得运行多年的《北美自贸协定》（简称"NAFTA"）重新签订，且是由美国与墨西哥、加拿大分别谈判，以贯彻"美国优先"原则。而被奥巴马政府赋予引领新一代国际投资贸易规则历史性重任、涵盖亚太十多个国家的多边投资贸易协定——《跨太平洋伙伴关系协定》（简称"TPP"），则在特朗普上台后就被废除。同时，特朗普还对中、日、韩、德等众多国家的商品实施反倾销，甚至对中国发起贸易战，推行购美国货、雇佣美国人、促进出口、大力减税与吸引资本回流等政策。他退出《巴黎气候协定》、联合国教科文组织等，以减少国际义务。即使是其盟国，特朗普也要求它们承担更多的国际义务与提高国防支出等。此外，美国还采取一切措施遏制、打击可能的竞争者，如依据其国内法开展"301调查"，对来自中国的进口商品征收高达600亿美元的关税，还有可能从2019年1月1日起，对华2000亿美元输美商品关税率从10%提高到25%，并进一步限制中国企业对美投资并购，[①] 甚至直接动用行政手段阻止美国高技术及其核心零部件出口中国，并在美加墨自贸协定中加上"毒丸"条款，即缔约方如果与所谓"非市场经济国家"签署自贸协定，另两个缔约方有权退出。要知道，美国与欧盟至今仍不承认最大货物贸易国——中国的市场经济地位，这一规定针对中国的意味明显。政治上则与此呼应，特朗普签署所谓"台湾旅行法"，"台美官员交流"被全数解禁，[②] 这相当于让美国的力量堂而皇之地介入台湾海峡，制造麻烦。此外，美国还大力推销"印太战略"，聚合盟友共同遏制中国。这一切只是美国所推行的"印太"地缘政治遏制思维逻辑的现实表现，以后诸如此类的政治经济动作还会以这样或那样的形式不时出现。那么，美国特朗普政府大力推进的亚太地缘政治战略——"印太战略"的发展走势如何，中国又该如何应对？颇值得研究。

一　美国"印太战略"的遏制思维传承与本文的研究视角

"陆权论""海权论""边缘地带论"之类的地缘政治理论，仅从内容来看，主要是阐释国家利益与地区影响力之间在经济和技术催化下所演变

---

① 刁大明：《特朗普开打贸易战 只会搬起石头砸自己脚》，《新京报》2018年3月23日。

② 《"台湾旅行法"生效没一周，就有美国官员访问台湾了》，环球网，2018年5月1日，http://taiwan.huanqiu.com/article/2018-03/11680271.html，登录时间：2018年10月20日。

出的复杂的相互制约影响关系;① 其核心是阐述如何更好地利用地缘政治来"遏制"(Containment)竞争对手,以最小成本谋取最大利益。这种运作路径满足了利用地缘政治服务国家利益的偏好,使其广受追捧,美国据此制定出不同的地缘战略:仅在亚太地区,"二战"之后便先后制定与实施了轴辐战略、亚太再平衡战略及如今的"印太战略",三者均以地缘遏制战略来维护和巩固美国主导的地区秩序。这就意味着要全面深入地认识美国所推行的"印太"地缘政治战略的发展走势及其可能面临的运作矛盾,必须深入分析研究其成本分摊—收益分享是否具有对称性。毕竟利益是永恒的动力,不论是政治还是经济组织的战略行为,都需要认真权衡得失,政治战略还涉及参与者的利益分配结构是否合理的问题,否则,缺乏足够的回报,即使是已经建立起制度化的军事政治同盟,也会因运作成本高企而难以达到预期目标。有鉴于此,可以考虑从利益得失与国家政治互动所形成的经济、政治关系发展的角度去探究"印太战略"的运作矛盾与发展走势。这样我们便有可能发现贯穿其中鲜明的经济、政治竞争性牟利本质及其面临的内在困境。因为即使贵为世界唯一的超级大国,能投入"印太"地缘政治战略运作的资源也有限,这也是美国地缘政治战略越来越强调遏制思维的根源。现代国家实力的核心是其经济能力,即使是美国这样的超级大国,经济资源也是有限的,其理性选择便是将潜在对手遏制在一个地缘经济的范围内,以维护美国的战略利益,② "印太战略"便是如此。

如今国外关于特朗普政府"印太战略"的讨论逐渐多了起来,主要有怀疑论和信任论两种观点:怀疑论者认为特朗普"印太战略"可能会事与愿违。例如,美国卡内基国际和平基金会高级研究员 Michael D. Swaine 表示,所谓"'自由开放的印太'战略"不仅不能促进"印太"地区的开放和自由,反而会破坏"印太"地区的稳定与繁荣;③ 美国外交关系委员会高级研究员乔舒亚·库尔兰茨克认为,"印太战略"的愿景虽

① 孙向东:《地缘政治学:思想史上的不同视角》,中共中央党校出版社 2004 年版,第 39 页。

② 张曙光:《美国遏制战略与冷战起源再探》,上海外语教育出版社 2007 年版,第 4—7 页。

③ Michael D. Swaine, "Creating an unstable Asia: the U. S. 'Free and open Indo-Pacific' Strategy", Carnegie Endowment for International Peace, 2 March 2018, http://carnegieendowment. org/2018/03/02/creating-unstable-asia-us. -free-and-open-indo-pacific-strategy-pub-75720, 登录时间:2018 年 3 月 20 日。

好，但很难成功；① 中国学者夏立平和钟琦②以及陈积敏③也认为，目标与财政资源不相称、内在动力不足、缺乏经济内容、对印度期望过高等因素，都会制约特朗普"印太战略"的实施效果。帕拉梅斯瓦兰认为，特朗普"美国第一"的本土主义和狭隘的交易主义引起了关注，其就职演说标志着美国"亚洲第一"外交政策的终结。然而，特朗普政府的亚洲政策不能反映亚洲对世界重要性的提升，相反却让亚洲对美国承诺的可持续性深感焦虑，如美国退出 TPP。目前，特朗普政府面临的挑战包括：美国未来应该扮演什么角色；在保持"印太"地区自由和开放的同时，美国如何综合考虑国内与国际事务；如何在美国亚洲政策的三大支柱——安全、经济、民主和人权之间取得平衡。④

而信任论者认为特朗普关注的是互惠、经济安全与军事安全，其政策核心是维护美国的能力，并投资于这些能力以允许美国在巨大且动态的"印太"地区保持战略影响力。⑤ 这就要求盟国和伙伴承担更大的责任，遵守互惠和公平规则，否则难以确保"印太"地区的自由和开放。实质便是特朗普要用他的"印太梦"替代习近平的"中国梦"和"一带一路"。2017 年 12 月 18 日，根据"保护家园、促进美国繁荣、通过力量维护和平、促进美国影响力"四大原则，特朗普政府发布的"美国优先"的《国家安全战略》指明"印太"地区对美国的战略重要性，确认美、澳、日和印度四国集团在"印太"地区的领导地位。⑥ 尽管特朗普政府采取了部分不合作、不寻常之法，但这可确保美国应对中国崛起，并使美国能信守发

---

① Joshua Kurlantzick, "Trump's Indo-Pacific Vision: A Solid Idea, Hard to Pull off", Aspenia Online, 19 Febuary 2018, http://www.aspeninstitute.it/aspenia-online/article/trumps-indo-pacific-vision-solid-idea-hard-pull，登录时间：2018 年 9 月 5 日。

② 夏立平、钟琦：《特朗普政府"印太战略构想"评析》，《现代国际关系》2018 年第 1 期，第 22—28 页。

③ 陈积敏：《特朗普政府"印太战略"：政策与限度》，《和平与发展》2018 年第 1 期，第 26—42 页。

④ Prashanth Parameswaran, "Trump's Indo-Pacific Strategy Challenge", the Diplomat, 27 October 2017, https://thediplomat.com/2017/10/trumps-indo-pacific-strategy-challenge/，登录时间：2018 年 10 月 26 日。

⑤ Patrick M. Cronin, "Trump's Post-pivot Strategy", the Diplomat, 11 November 2017, https://the diplomat.com/2017/11/trumps-post-pivot-strategy，登录时间：2018 年 11 月 12 日。

⑥ The White House, *National Security Strategy of the United States of America*, 2017, p.45.

挥主导作用的承诺。①

而国内学者对特朗普政府的"印太战略"基本持批评和怀疑态度，但国内外学者鲜有从理论层面对特朗普政府的"印太战略"进行系统研究的，也少有学者运用经济学思想对其进行专门探讨。本文拟从成本与收益对比角度，探讨特朗普政府"印太战略"的运作趋势及其面临的内在矛盾。

任何一个国家若想使地缘政治战略实现其预期目标，必须对该战略运作的主要内容和环节等进行评估，如战略布局、战略动员、战略执行与战略结果等，② 因为其中每一个环节都会涉及大量人、财、物力的调配、使用、损耗以及相应的成本分摊、利益分配等问题；若处理不当，将直接影响乃至打击各参与主体的积极性，甚至可能让相关战略推进难以为继。因此，必须掌控尽可能多的优质资源以及承载这些优质资源的地理空间，从而为更好地分摊成本与拓展战略空间提供便利。这也使得任何一个地缘政治战略（如美国的"印太战略"等）必须处理好战略运作成本分摊与利益分享问题，否则将会直接制约战略运转。这也意味着从地缘政治战略运作成本分摊—利益分享机制视角出发，研究美国亚太地缘政治战略（轴辐战略与奥巴马的再平衡战略）演化变迁，有助于发现其中的运作规律，科学地探究"印太战略"面临的内在矛盾、运作困境及发展走势，这正是本文的研究视角。

二 美国亚太地缘战略的成本分摊和利益分享机制

"选择性遏制"地缘战略思想从诞生起，便被美国迅速用于冷战。1969 年 7 月出炉的"尼克松主义"，就是一种以战略态势的收缩为基本标志的选择性遏制战略思想，是对美国在海外扩张与为盟友承担过多义务的策略性调整，目的是让美国所承担的义务与其政治、经济能力重新达到平衡。此后，选择性遏制便成了美国地缘政治战略的优先之选，本文将分析美国亚太轴辐战略、亚太再平衡战略各自的成本分摊—利益分享以及盟国

---

① Yuki Tatsumi, "the US National Security Strategy: Implications for the Indo-Pacific", the Diplomat, 21 December 2017, https://the diplomat. com/2017/12/the-us-national-security-strategy-implications-for-the-indo-pacific/, 登录时间：2018 年 11 月 20 日。

② 左希迎、唐世平：《理解战略行为：一个初步的分析框架》，《中国社会科学》2012 年第 11 期，第 178—187 页。

参与配合的内在动力机制，从而为研究"印太战略"的运作困境及其发展走势提供借鉴。

（一）明确、稳定、操作便利的成本分摊与利益分享机制促使美国亚太轴辐战略顺畅运作

美国的利益遍布亚太每一个角落，美国为此建立了维护其战略利益的正式或非正式制度安排[1]：以美国为核心的"轴辐"（Hub and Spokes）结构运作体系，以美国为主导，以美同日、韩、澳、菲、泰等双边安全联盟为核心，以包括美军在东亚的军事前沿部署和远程投放力量"准入"机制在内的地区安全秩序为支撑，这种双边联盟体系成为亚洲秩序的重要基石，[2] 伊肯伯里（John Ikenberry）概括为"东亚国家出口商品到美国，美国出口安全到东亚"[3]：一方面是轴辐战略具有鲜明的排他性，将盟国与美国捆绑在一起，美国为亚太盟国提供安全保障，还利用其庞大的国内市场吸纳这些盟国的出口产品，从而将美国与其亚太盟国的政治经济利益有机结合；另一方面则是该战略的有效运转导致"轴辐"之间的各国联系有限，也就是说，美国的亚太盟国彼此间的政治经济联系极为有限，各国都有求于美国，且只能依赖美国。这样的制度安排导致如果盟国不遵守规则，或者谋求打破、逃出轴辐结构约束，美国便能轻易地通过惩罚盟国护持自己唯一的霸主的地位。[4] 可见，维持亚太轴辐战略有明确的成本分摊与利益分享方式，即美国自己负担亚太驻军军费、盟国为美国提供驻军基地的使用自由与独立管辖权，这可使盟国大幅度减少国防开支而将更多资源投入国内经济发展；美国对亚太盟国（或地区）开放市场与提供必要的技术、资本等，吸纳其出口产品，这是处于发展初期的亚太盟国发展经济所急需的同盟红利。第二次世界大战后一直到 20 世纪 90 年代末，美国都扮演着世界经济发展火车头的角色，其亚太盟国所需要的技术、投资和出

---

① Dennis C. Blair and John T. Hanley Jr., "From Wheels to Webs: Reconstructing Asia-Pacific Security Arrangements", *The Washington Quarterly*, Vol. 24, No. 1, 2001, pp. 7 – 17.

② Victor D. Cha, "Power play: Origins of U. S Alliance System in Asia", *International Security*, Vol. 34, No. 3, 2009/2010, pp. 158 – 196.

③ G. John Ikenberry, "American Hegemony and East Asian Order", *Australian Journal of International Affairs*, Vol. 58, No. 3, 2004, p. 353.

④ 左希迎：《美国战略收缩与亚太秩序的未来》，《当代亚太》2014 年第 4 期，第 4—28 页。

口市场（30% 以上）基本上都依赖美国；美国从这种交往中获得了廉价的商品、原材料、工业品出口市场和巨额美元铸币税，[①] 进一步巩固了其在亚太的霸主地位，这是一种互利共赢。

（二）奥巴马的亚太再平衡战略的经济基础——俱乐部化利益分享模式

1. 依存条件丧失的亚太轴辐战略需要转型。亚太轴辐战略让美国的亚太盟国得到了有效保护，使它们可将更多资源投入经济发展，市场竞争力迅速增长，甚至成为强有力的竞争者而促使美国在 1989 年 1 月 1 日取消亚洲"四小龙"的普惠制待遇，并动用多种手段打击东亚出口，东亚国家不得不加强区域经济交往，如亚洲"四小龙"区内贸易份额从 1985 年的 7.8% 上升至 2007 年的 58.4%，增幅达 7 倍；日本则从 29.9% 上升为 46.9%，2009 年达到 50.2%，也使以日本为中心的雁形阵逐步转变为 21 世纪以中国市场为出口对象的东亚贸易网络，表明亚太诸国对中国依赖度提升而降低了对美国市场的依赖，动摇了美国在亚太市场的主导地位。[②]

表1　　　　　　东亚代表性国家与美国的传统贸易关系（2011 年）　　　（单位:%）

	中国	日本	韩国	美国
文莱	7.43	29.89	13.83	1.27
印尼	13.02	14.08	7.79	7.24
马来西亚	13.12	11.42	3.85	8.90
菲律宾	10.88	13.76	5.89	12.18
新加坡	10.42	5.76	4.80	7.98
泰国	12.68	14.51	3.02	7.72
越南	17.78	10.54	8.90	10.68
中国	—	9.38	6.72	12.19
日本	20.62	—	6.31	12.16

① 卢韦：《建立北美自由贸易区对亚太经济的影响》，《亚太经济》1994 年第 5 期，第 18—21 页。

② 盛斌：《建设国际经贸强国的经验与方略》，《国际贸易》2015 年第 10 期，第 4—14 页。

	中国	日本	韩国	美国
韩国	20.41	9.99	—	9.37
美国	13.91	5.30	2.73	—

注：表中数字表示所在行和列的经济体之间的货物贸易额占所在行经济体的货物总贸易额的比重；"—"表示不适用。

资料来源：根据 IMF，Direction of Trade Statistics Yearbook，2012 计算得到。

表 1 数据显示东亚主要经济体与中国的货物贸易额所占比重已远超对美贸易。1973 年以来，除个别年份，美国一直未能消除其贸易赤字。而其巨额贸易赤字只能依赖长期资本的净流入获得融资，于是亚太国家（地区）如日本、中国大陆、韩国、新加坡、菲律宾、泰国、中国香港、中国台湾等均成为美国的债权人，这样在亚太地区就形成了一种极为特殊的格局，即债务人（美国）保护债权人（除中国内地及中国香港外，其他债权人都同美国签有军事安保条约），且这种债权债务关系很难逆转：美国自 1989 年以来一直是净负债国，且存量还在持续增长，到 2014 年底其对外净负债高达 17.3 万亿美元，几乎与美国该年的 GDP 相同。[①] 自然，若要债权人持续安心地接受债务人的安全保护，美国必须能持续提供足够的市场和投资以支撑其盟国经济发展。但以服务业为主导的美国，只能依靠技术、生产服务掌控亚太产业价值链，间接地服务或影响其亚太盟国，很难越过中国直接同其以制造业为主导产业的东亚盟国重新建立顺畅的市场联系。这导致美国—东亚的传统秩序与相应的安全机制继续运转越来越困难，迫使美国重塑亚太秩序，巩固其霸权。

2. 奥巴马政府计划将 TPP 打造成为亚太轴辐战略转型升级的亚太再平衡战略的利益分享与政治经济捆绑实施机制。作为唯一的超级大国，美国维持全球霸权的成本日益高企，由于武器装备的轻便化与技术进步，边缘地带的破坏能力大增，致使美国维持霸权的成本更加高昂。毕竟，"通过扩张而获得安全的战略极少奏效，因为支撑这一战略的观念与国际政治中两条最为有力的规律是互相矛盾的，这就是均势与扩张成本不断增加"。[②]

---

① 邵宇：《中国重构对外资产负债表》，《上海证券报》2016 年 5 月 13 日。

② Jack Snyder, *Myths of Empire*：*Domestic Politics and International Ambition*，Ithaca . N. Y. : Cornell University Press，1991，p. 6.

而军费开支被大幅削减，导致美国只能依靠选择性遏制战略，但由于中国崛起速度和强度前所未有，所以美国在制衡中国时并不能随心所欲。为此，2012年初，美国正式提出亚太再平衡战略。① 2014年的《四年防务评估报告》重申，2020年前美国要将海空力量的60%部署在亚太地区，② 集中有限的战略资源到亚太，以提升亚太再平衡能力，并要求盟友承担更多责任以"巩固美国面对未来危机和意外事件的能力"。2015年4月27日，美日修改《美日防卫合作指针》，扩大了日本自卫队对美国军事行动的支援范围，允许日本自卫队在全球范围内支援美军。③ 这就表明美国日益期待日、韩和澳等盟国在制衡中国影响力、维持地区稳定和分担防务责任等方面发挥更大作用，以此达到既主导地区秩序，又最大限度减轻美国负担之目的。

但亚太再平衡战略所面临的环境已迥异于轴辐战略而使其运作困难程度大幅度增加：亚太多数国家的最大贸易伙伴是中国而非美国，导致更多亚太国家开始考虑走中间路线，这增加了美国再平衡战略实施的成本。因此，2001年美国《四年防务评估报告》指出，"亚洲正逐渐成为最可能出现对美国构成大规模军事挑战的地区，在从中东到东北亚广阔的不稳定之弧中，尤其是从孟加拉湾到日本以南海域的东亚沿海地区，存在着针对美国的特殊挑战，可能出现拥有可观资源基础的军事竞争者"，④ 矛头直指中国。美国更从遏制角度构建反华地缘战略包围圈，而如何优化使用有限的战略资源成为美国要解决的难题：亚太盟国的防务开支比重远低于美国，盟友与美国的防务分摊严重失衡（见表2）。盟国的贡献不足并越来越倾向于"搭便车"，致使美国运作其地缘战略的负担越来越重，已成为制约其大战略运转的负面因素。⑤

---

① U. S. Department of Defense, *Sustaining U. S. Global Leadership：Priorities for* 21*st Century Defense*, Washington, D. C., 2012.

② U. S. Department of Defense, *Quadrennial Defense Review 2014*, 2014, p. 9.

③ Japan Ministry of Defense, "The Guideline for U. S. -Japan Defense Cooperation", 30 April 2015, http：//www. mod. go. jp/e/d_act/anpo/pdf/shishin_20150427e. pdf, 登录时间：2018 年 11 月 24 日。

④ 陆俊元：《美国对华地缘战略与中国和平发展》，《人文地理》2006 年第 1 期，第 121 页。

⑤ ［美］巴里·波森：《克制：美国大战略的新基础》，曲丹译，社会科学文献出版社 2016 年版，第 56 页。

表2　　　　　　　　　　　美国及主要盟友防务开支占 GDP 比重　　　　　　（单位:%）

年份 ＼ 国家	美国	日本	韩国	北约（欧洲）
2009	5.29	0.98	2.73	1.70
2010	4.81	0.96	2.57	1.64
2011	4.77	0.99	2.58	1.56
2012	4.42	0.97	2.61	1.53
2013	4.09	0.95	2.63	1.51
2014	3.78	0.95	2.64	1.46
2015	3.59	0.93	2.64	1.45

资料来源：北约（欧洲）和美国的数据，参见 http：//www.nato.int/cps/en/natohq/topics_49198.htm，登录时间：2018 年 11 月 28 日。日本和韩国的数据参见 http：//data.worldbank.org/indicator/MS.MIL.XPND.GD.ZS，登录时间：2018 年 11 月 28 日。

美国的破解之法便是以亚太盟国为核心，打造俱乐部化的 TPP，吸引更多亚太国家制度化地与美国市场、经济乃至地缘战略捆绑，有媒体称之为"经济北约"①：可通过转移贸易与贸易创造等容纳 TPP 成员更多的出口，满足其盟国需要；TPP 能给美国的高技术装备、生产性服务开辟更大市场。可见，TPP 使得美国亚太再平衡战略具有了互利共赢特征，这样美国便可依靠其掌控的众多核心技术、高技术装备、关键性零部件及其拥有的强大创新能力与品牌支撑的全球性营销体系等提供带有垄断性的生产性服务，从而无障碍和低风险地获得高额利润。同时，转移贸易还可以阻隔 TPP 成员与中国之间密切的经济联系，打造 TPP 内部的规模经济乃至相应的产业链，进一步降低亚太国家（地区）对中国的依赖和提升与美国市场、经济的联系，从而全面增强美国在亚太经济政治方面的话语权和影响力。

可见，TPP 至少从形式上看具有让参与者获得较为丰厚利益回报的心理预期功能，因为美国市场的定向性开放，给 TPP 成员产品大量进入美国打开了方便之门。但强调"美国优先"的特朗普退出 TPP，便让其亚太盟国产品优先分享美国市场红利的希望落空，致使其增加防务支出的动力被削弱，从盟国自利的角度看，承担更多制衡中国的义务是不理性的，这也

---

① 尹承德：《"经济北约"的逻辑问题》，《解放日报》2015 年 8 月 4 日。

预示着美国"印太战略"的发展困局与走势。

三 "印太战略"的主要内容、面临的现实矛盾与运作困局

(一) 美国"印太战略"追求的主要目标

强调"美国优先"的特朗普上台第一周就以摧毁美国制造业、造成就业岗位流失为由宣布退出 TPP,[①] 又在 2017 年 11 月出访亚洲五国前提出了新的亚洲政策构想——"印太战略"("Indo-Pacific"Strategy),即"自由、开放的印度洋—太平洋战略"。特朗普政府高官 2017 年两次讲话[②]与 12 月出台的《国家安全战略报告》勾画了美国"印太战略构想"——以"印太"概念正式取代"亚太"提法,抬升印度的地缘重要性,平衡中国崛起势头,在更大地缘范围谋求战略优势;公开非议中国的"一带一路"倡议,并有针对性地提出"高标准、高质量"基础设施建设倡议,着眼构建"印太经济伙伴关系",最终实现"印太梦"。

1. 以"有原则的现实主义"和"美国优先"为导向,加强"印太"地区联盟和伙伴关系。2017 年 5 月,特朗普在利雅得首次提及"有原则的现实主义",认为其"扎根在我们的价值观,共同的利益和常识当中"。[③]同年 8 月 21 日,特朗普公布其阿富汗和南亚战略时宣称"这种有原则的现实主义将指导美国未来的决定"。[④] 2017 年的《国家安全战略报告》将"印太地区"定义为"从印度洋西海岸至美国西海岸的广大区域",强调"美国优先的国家安全战略是由有原则的现实主义指导的。由'现实主义'

---

① 《特朗普正式宣布美国退出 TPP》,新华网,2017 年 1 月 24 日,http://www.xinhuanet.com/world/2017 - 01/24/c_ 129459613. htm,登录时间:2018 年 11 月 26 日。

② Rex Tillerson, "Defining Our Relationship with India for the Next Century", CSIS, 18 October 2017, https://www.csis.org/events/defining-our-relationship-india-next-century-address-us-secretary-state-rex-tillerson,登录时间:2018 年 10 月 27 日。

③ "Transcript of Trump's Speech to the Leaders of More Than 50 Muslim Countries to Outline His Vision for US—Muslim Relations in Saudi Arabia", CNN, 21 May 2017, http://edition. cnn. com/2017/05/21/politics/trump-saudi-speech-transcript/index. html, 登 录 时 间: 2018 年 11 月 20 日。

④ Donald Trump, "Remarks by President Trump on the Strategy in Afghanistan and South Asia", 21 August 2017, https://www.whitehouse. gov/briefings-statements/remarks-president-trump-strategy-afghanistan-south-asia/,登录时间:2018 年 11 月 18 日。

指导，是因它承认权力在国际政治中的中心作用以及主权国家是实现世界和平和清晰定义我们国家利益的最好希望。坚持'有原则的'，是因其承认推进美国原则是在全球扩展和平与繁荣。由美国权力强化的美国价值和影响，使世界更自由、安全和繁荣"[1]。尽管自冷战以来，亚太地区构建了以美国为核心，美日、美韩、美澳、美泰、美菲等五对双边联盟组成的"轴辐"安全体系，以日本为北锚、澳大利亚为南锚，但是缺半边的半月形安全体系，使得美国深感其已难以牵制崛起的中国。作为一种转型升级，特朗普政府"印太战略构想"就是将其亚太"轴辐"安全体系扩展到印度洋区域，把日本和印度作为其"东、西两翼"[2]、澳大利亚作为连接印度洋和太平洋两洋与东西两翼的锚点，从而形成环绕着东亚大陆完整的大月牙形同盟与伙伴国关系网络。

2. 形成有利于美国的"印太"区域经济关系。尽管特朗普政府退出TPP，但仍希望在印太地区建设有利于美国的区域经济关系，2017 年《国家安全战略报告》指出，"美国将鼓励区域合作，以维持自由和开放的海上航道、透明的金融实务、基础设施、畅通无阻的贸易以及和平解决争端"[3]。可见，其核心是要确保"印太"地区的自由开放，将美国主导的秩序、规则运行持续化乃至法制化，其实质是维护美国主导的"印太"地区秩序，以此促进美国利益最大化；有效遏制中国发展模式及其制度的国际化扩张，典型的表现便是阻遏"一带一路"倡议的顺畅推进。

（二）美国"印太战略"运作路径及其成本—收益分享的失衡

作为一种地缘战略，"印太战略"必须找到战略运作成本分摊和与同盟国分享利益的可行办法。但"印太战略"并没有真正达到这一目的，这必然提高战略运作的不确定性与盟友的被动性，并直接增加"印太战略"运转的成本与盟友的不信任感：

---

[1] White House, *National Security Strategy of the United States*, 2017, p. 1.

[2] Michael Green and Daniel Twining, "Why aren't We Working with Japan and India?" Washington Post, 17 July 2011, http//articles. washingtonpost. com/2011 – 07 – 18/opinions/35238121 – 1-obama-adminstration-strategic-dialogue-japan-and-india, 登录时间：2018 年 11 月 18 日。

[3] White House, *National Security Strategy of the United States*, 2017, p. 47.

1. 有限的资源投入与"印太战略构想"的宏大目标难以匹配。"印太战略构想"的主要目标是保持有利于美国的地区战略平衡，遏制新兴大国崛起以更好地维护美国主导的秩序，但其缺乏稳定的支出来源。2016 年美国国内生产总值约为 18.6 万亿美元，而其国债上升至 19.5 万亿美元。2017 年 12 月，特朗普总统签署了高达 7000 亿美元的军费预算，[①] 但由于全球性军事承诺和遍布世界的海外驻军，其对"印太"地区的投入增长有限。这意味着仅依靠美国投入难以满足运作"印太战略"的需求，必须要有新的支出来源，这不外乎增加盟国分摊并承担更多义务。

而美国要求其盟国增加防务分摊的主要方式是推进挂钩政策。特朗普明确指出，"我们希望我们的伙伴，无论是北约、中东或太平洋国家，都可以直接介入有效的战略和军事行动中，并且付出它们应该承担的费用，必须得这样"。[②] 这意味着特朗普政府将以挂钩施压的方式督促其盟国提高防务开支与承担更多义务，也就是挂钩政策（linkage policy）。而现在，特朗普已将经贸议题与安全议题挂钩，甚至将不同安全议题进一步细化再挂钩，这已成为"特朗普主义"的重要支柱。[③] 若无法满足要求，美国就会减少对相关盟国的安全保护承诺。但这种做法能否真正使盟国增加防务支出与承担更多义务，值得怀疑。因为美国的盟国、盟友的利益需求各有侧重，甚至还存在矛盾。

以澳大利亚为例，它力推"印太战略"的动机不外乎四点：一是政治与军事上维持与美国的联盟关系，以求继续获得西方的身份认同；二是经济上融入亚洲，以分享东亚发展红利；三是积极参与环印度洋区域合作联盟（简称"IOR-ARC"）框架内的合作，维护印度洋通道安全；四是充当东西方沟通的桥梁，支持中国与美国的沟通与接触，因为澳大利亚认为美国与中国的关系是塑造战略环境最具影响力的力量。[④] 可见，澳大利亚既

① 夏立平：《特朗普政府"印太战略构想"评析》，《现代国际关系》2018 年第 1 期，第 22—28 页。

② Donald Trump，"Remarks by President Trump in Joint Address to Congress"，28 Feburary 2017，https：//whitehouse. gov/the-press-office2017. 2. 28，登录时间：2018 年 12 月 1 日。

③ Colin Kahl and Hal Brands，"Trump's Grand Strategic Train Wreck"，Foreign Policy，31 January 2017，http：//foreign policy. com/2017/01/31，登录时间：2018 年 12 月 10 日。

④ Australian Department of the Prime Minister and Cabinet，"Strong and Secure A Strategy for Australia's National Security"，January 2013，http：//www. dpmc. gov. au/national_ security/ docs/national_ security_ strategy. pdf，登录时间：2018 年 12 月 14 日。

希望获得以美国为首的西方支持，又要分享亚洲发展红利，一旦这二者产生差异乃至矛盾，必然导致澳大利亚的政治与经济政策选择错乱。具体表现为澳大利亚既欢迎美国介入亚洲事务，并将其视为平衡中国崛起的重要外部力量，又需要保持并发展与中国的关系，这不仅是澳大利亚希望享受中国经济快速发展的红利，也有地缘战略的考虑，凸显了澳大利亚在中国崛起时所面临的两难困境。事实上，有这样心结的国家又岂止澳大利亚。如印度对"印太"战略就有三种认知：其一是欣然接受，其二是否定批评，第三则是有限利用。这种认知状况反映印度的顾虑及对"印太战略"红利分享的谨慎。从印度对外政策来看，印度既对美国出台再平衡战略引发的"地区不平衡"以及区域紧张感到担忧，希望美国"重新校准"再平衡战略，同时也觊觎美国推动"印太"产生的"红利"，被"美国重视印度在诸多全球议题上不断上升的领导力，并寻求与印度一道促进南亚以及世界其他地区的稳定"① 的许诺所吸引。美国还鼓励印度将"东向"政策转变为"东进"政策，这样印度就成了补齐"印太战略"制衡中国大月牙形的"关键"，也意味着印度的战略决策决定着美国"印太战略"的成败。② 但印度本着其一贯不结盟传统和投机取巧以两头获利的外交政策导向，自然不会与美国利益完全捆绑，也不会仅甘于做美国战略布局的一枚棋子：首先，印度长期奉行不结盟政策，拥有独立自主的战略构想和"大国梦"；③ 其次，美印经济联系远不及中印，仅军事和能源合作等较密切，两国在市场准入、国防产业外来投资、知识产权、印度赴美临时工作签证等方面仍存在巨大分歧，④ 且"美国优先"的利益导向也使得印度成为美国加征钢铝关税的重要对象，而印度也决定对农产品和钢铁制品等 29 种自美国进口的产品提高关税，这也迫使美印防长外长"2＋2"会议被临时推迟，特朗普还在推特上抱怨印度加征关税。⑤ 如此种种自然会制约美印关

① The White House, "National Security Strategy", May 2010, http: //www. whitehouse. gov/ sites/default/files/rss _ viewer/national_ security_ strategy. pdf，登录时间：2018 年 11 月 28 日。

② 刘宗义：《冲突还是合作——"印太"地区的地缘经济和地缘政治选择》，《印度洋经济体研究》2014 年第 7 期，第 4—21 页。

③ 蓝建学：《印度大国梦中的中国情结》，《当代亚太》2004 年第 12 期，第 37—43 页。

④ 张立：《美印战略关系中的中国因素》，《南亚研究季刊》2009 年第 1 期，第 13—20 页。

⑤ 郭光昊：《全球对美国报复性加征关税 印度加征幅度出人意料》，观察者网，2018 年 7 月 3 日，https: //www. guancha. cn/internation/2018_ 07_ 03_ 462550. shtml? s = zwyxgtjbt，登录时间：2018 年 11 月 2 日。

系的持续深入发展，也影响着印度实际可得利益的增长幅度。当然，美印在某些领域也存在共同的战略利益，尤其在遏制中国崛起方面。但美国也没因此而对印度另眼相待，例如，美国财政部 2018 年半年度外汇政策报告中没有将中国或任何其他国家列为汇率操纵国，却把印度列入了观察名单，[1] 这至少表明印美双方存在利益分歧，并会影响战略合作层次的全面提升。甚至美国极为依仗的亚太盟国日本，也有与印度相似的心态与政策措施，例如，特朗普领导下的美国政府在贸易争端中对中国和日本施加越来越大的压力，2018 年安倍首次访华便与中国签署了多项合作协议，表明日本想借助中国制衡美国。[2]

这就是亚太地区出现的"安全上靠美国、经济上靠中国"的分裂现象，显示出不少国家打算"坐稳墙头"以在中美的权力平衡中两利均沾。这也给特朗普政府带来了新的矛盾和问题，即如何让其盟友或伙伴相信美国的"印太战略"可给它们带来切实的红利。正如《外交学者》(the Diplomat) 评论的那样，"印太战略"的提出应该会受到欢迎，但美国的挑战不在于该战略是如何提出的，而在于如何实际推进，"亚洲对于如何将这种言辞转化为现实仍存在深刻的不确定性"[3]。而出于国家利益的考虑，大多数亚洲国家极不愿意在中美之间选边站队，平衡外交或等距离外交是它们的优先选择。奥巴马政府时期负责东亚事务的助理国务卿拉塞尔 (Daniel Russel) 因此指出，"没有任何一个国家想要在中美之间做选择"。美国战略与国际研究中心的克里斯托弗·约翰逊 (Christopher K. Johnson) 表示，如果白宫认为"在一场民主钳形攻势中 (a democratic pincer movement)，印度和日本是用来遏制中国的左、右手"，那么美国将会失望。[4]

---

[1] 《昨夜，特朗普又做了一件事：加大对中国的"批评"》，凤凰国际，2018 年 4 月 15 日，http://finance.ifeng.com/a/20180415/16090607_0.shtml，登录时间：2018 年 11 月 2 日。

[2] 聂立涛：《加强应对"地区紧张局势"？印度欲与日本结为"海军战略联盟"》，新浪军事，2018 年 11 月 11 日，http://mil.news.sina.com.cn/2018 – 11 – 11/doc-ihnstwwq39 43793.shtml，登录时间：2018 年 11 月 2 日。

[3] Prashanth Parameswaran, "Trump's Indo-Pacific Strategy Challenge", the Diplomat, 27 October 2017, https://thediplomat.com/2017/10/trumps-indo-pacific-strategy-challenge，登录时间：2018 年 11 月 2 日。

[4] Tracy Wilkinson, Shashank Bengali and Brian Bennett, "Trump Crosses Asia Touting a 'Free and Open Indo-Pacific', a Shift in Rhetoric if not Actual Strategy", The Los Angeles Times, 10 Nov. 2017, http://www.latimes.com/nation/la-fg-trump-indo-pacific-20171108 – story.html，登录时间：2018 年 11 月 2 日。

也就是说，即使是盟国，也会"两面下注"，以降低因美国"背叛"所带来的战略风险，尤其是特朗普政府时刻以"美国优先"为行动指针，致使其盟国不得不怀疑美国承诺的可信度。这至少说明美国仅通过强化与区域内国家的联系，甚至"拉帮结派"来推进其"印太战略"的难度会很大。

而如今为了实现自身的私利，美国在国际事务中越来越多地"输出"和"实施"国内法中所谓的"长臂管辖"规定，不断"放大"其功能，将"触角"无限制地延伸到国境之外。这一原则成为美国动辄针对国际政治经济交往中可能"触犯美国利益"的其他国家、企业或个人实施单方面制裁或报复的法律依据，具有明显治外法权性质。只要美国法院认为美国利益受到影响或损害，且美国行使管辖权具有合理性，美国便可行使管辖权。即使是对其盟友，特朗普政府也不会实质性地让渡足够的利益，更多的是依靠"长臂管辖"之类的强权施压，迫使盟友增加防务支出以及承担更多制衡中国的义务。如此作为又会导致盟国难以分享中国发展红利，也会进一步打击盟友承担义务的内在积极性。

2. "印太战略"的实施必然遭遇美国保障承诺难题与盟国的自主需求之间的内在矛盾，这将直接阻碍盟国分摊更多防务支出与承担更多制衡中国的义务。在"印太战略构想"中，美国面临的最大威胁是难以兑现对其条约联盟的战略承诺。换言之，在当前的"印太"地区，美国面临的真正挑战是其对盟友的再保证难题。这是因为，随着美国准备退出《美苏消除两国中程和中短程导弹条约》（简称《中导条约》）以及中国推进军事现代化，美国面临的最大困难并非向盟友保证其保护承诺，而是要使美国能做什么、愿意做什么与盟友所期望的行为或诉求相一致。[1] 审视美国与其亚太盟友间的战略互动历史便会发现，美国的承诺在"美国优先"背景之下会越来越难以让其盟国相信。这是探讨美国"印太战略"运作走势的关键点。

有学者认为，由于既有的联盟条约承诺没有提供美国是否介入领土争端的指导，盟友在领土争端中拥有更大利益令美国很难保证防御性承诺的信誉。[2] 若无法给出类似的保障，那么，其盟国就没有足够的动力来大幅度提高防务支出与承担更多制衡中国的义务。因为此举只能增加与中国的矛盾乃至摩擦，却不会给自己创造新增利益。这在某种程度上说明参与

---

① Glenn H. Snyder, "The Security Dilemma in Alliance Politics", *World Politics*, Vol. 36, No. 4, 1984, p. 467.

② 左希迎：《承诺难题与美国亚太联盟转型》，《当代亚太》2015 年第 3 期，第 4—28 页。

"印太战略"的诸国缺乏获取利益的稳定渠道与制度保障，且能否真正获得利益很大程度上取决于美国的利益让渡，让渡利益又是与"美国优先"原则相违背的，致使参与国在分摊更多防务支出与承担更多制衡中国义务方面严重缺乏内在动力。

当然，美国在"印太"地区存在较为强烈的印象管理问题，其必须从更宽广的视角强化"印太战略"联盟体系的威慑功能。毕竟这是一种地位信号，促使美国增加投入，对其盟国的需求给予必要满足。如果美国想要分享更多利益，就必然会千方百计地维持其主导地位，通过释放地位信号塑造其在国际社会中的角色。[1] 而美国在"印太"地区拥有三类观众，即中国、美国的"印太"盟友和美国自身。针对中国，美国试图保持威慑力，防止中国挑战美国的主导地位，这有利于打消美国"印太"盟友的忧虑，坚定其对美国的信心，更有利于降低维护美国主导"印太"秩序以获得最大利益的成本，也会相对减少其防务支出与制衡中国的投入。与此同时，中美经济发展的互补性很强，美国众多产品也是由中国企业廉价代工生产，这无论是对美国企业竞争力提升还是减少消费者开支，都极其重要，中美这种你中有我我中有你的格局，决定了双方都难以完全撇开对方而独立发展，双方合作求同存异以求共赢，才是理性选择。

上述矛盾又会引发新问题。首先，"印太战略"联盟难免会出现离心现象。随着日本的作用越来越重要，其战略自主性逐渐上升，由此导致美国的亚太联盟体系逐渐发生转变，由原先美国单独主导逐渐变为"美主日辅"格局，即美国在亚太地区越来越依赖日本的安全保证，联盟内的安全保证也逐渐由单向转变为双向。其次，若管控不力，美国可能被盟友拖入地区冲突之中，这就会导致美国管理亚太联盟体系的逻辑也发生转变，即由原先对盟友坚定战略承诺，转向兼顾战略承诺但控制盟友外交政策的边界。而这种内在矛盾必然会反过来影响乃至制约盟国对增加防务支出与增加制衡中国义务的积极性。最后，美国主导的"印太"联盟缺乏稳固的战略根基，会加剧盟友的摇摆性。美国"印太战略"的提出及其背后"印太"联盟体系建设的目标很大程度是为了遏制中国崛起，这也意味着整个联盟体系为了维持既有的均势局面，将不得不随着中国的发展而持续加大

---

① 蒲晓宇：《霸权的印象管理：地位信号、地位困境与美国亚太再平衡战略》，《世界经济与政治》2014 年第 9 期，第 34—49 页。

投入。否则，"亚太"或"印太"再平衡就成了空谈。如果仅出于政治整合需要，而将中国这个最大的新兴市场排斥在外，就是不符合市场逻辑的愚蠢之举。若为了遏制中国而弥补过去在国防上的欠账，加大投入，那么，追加投入由谁来负责，是美国还是其盟友，或者共同分摊？而分摊标准又如何确定？这些问题基本无法找到共同接受的可行办法。而与此相对应的则是，如此作为，各国能够得到什么利益（"美国优先"的原则决定了其会大力推销军火与联合军演，这恐怕是其盟友的主要得益点），至于这些利益如何分配，仍没有可行的解决办法。这些问题不仅涉及各国当前利益，还会影响它们的长远利益。因为防务支出规则与分摊比例一旦确定，要想变更或调整，既要克服制度惯性和路径依赖问题，还必须重新博弈以调整现行权益分配结构，而上述问题在现行格局下几乎无法找到制度化解决的办法，恐怕只能一事一议，还必须依靠美国强力推进才有可能。这样，美国作为霸主的负担将越来越重，与处于被支配地位的盟友之间的矛盾也会增加。这又会引发一个新问题，即若中国经济的快速发展及其与"印太"地区国家的政治、经济合作顺利，而相关国家获得了较稳定的中国发展红利，那么，中国邻国们的"特鲁多综合征"也会在中国实力不断上升的背景下开始弱化，对美国"印太"战略的需求和参与的内在动力，相反却会日益减弱。

四　中国的应对选择

（一）以惠邻、睦邻与合作共赢为基本原则广交朋友，扩大中美朋友圈的交集

任何一个国家都会将主要资源、精力投入到本国的社会经济发展中，以增强人民福祉与国家安全。正因如此，就需要创造条件以便让更多的"印太"国家搭乘中国发展快车：第一，力所能及地提供适宜"印太"区域的国际公共产品，毕竟这里大多数国家属于落后国家，交通通信、金融、实用技术乃至市场等诸多方面公共产品缺乏，而中国在这些领域则有着较为成熟的发展经验与技术、资本积累等，完全有能力在互联互通等方面与这一区域国家加强合作，以创造更多的利益外溢效应，从而与周边国家找到合作共赢的领域与利益增长点。这样绝大多数"印太"国家就会对

中国崛起采取观望与包容态度，不在中美两国之间选边站队，而是与中美都进行经济合作，让中美之间的经济贸易规模进一步扩大而在安全上相互制约，其实质就是以经济合作扩大中美共同的朋友圈。第二，推动建设相互尊重、平等、合作共赢的新型国家关系。中美巨大的贸易规模与以中美产业分工为基础的亚太产业价值链，表明中美在"印太"地区的共同利益远大于分歧，双方开展合作更有助于双方与"印太"国家（地区）利益增长。例如，中国倡导的"一带一路"对于解决阿富汗问题等美国的历史遗留问题，大有裨益。这就要创造条件让中美之间进行良性竞争，避免恶性竞争，以形成新型的相互尊重、平等共赢的合作关系，将更多国家纳入共同合作的朋友圈。

（二）继续推进"一带一路"以便让更多的国家分享亚太经济发展红利，促进亚太区域经济一体化

中国"一带一路"倡议适应了地区经济发展的新形势与欧亚经济转型发展的需要，能够兼顾所有参与国的利益并会进一步获得更多理解、欢迎：首先，在推进"一带一路"时，中国应当更加注意保持谦虚态度，尊重参与者的权利及社会文化，平等公正地发展与中亚、东南亚、南亚、中东、欧洲、拉美国家的经济贸易关系，以求真正合作共赢。其次，中国应继续积极推动亚太区域经济一体化，争取早日完成《区域全面经济伙伴关系协定》（简称"RCEP"）谈判，全面推进亚太自贸区建设进程；同时，可以考虑加入《全面与进步跨太平洋伙伴关系协定》（简称"CPTPP"）谈判，这样就能将亚太地区的经济贸易纳入法制轨道，从而逐步压缩任何国家肆意妄为排挤他国的私欲。最后，在具体问题上与美国能合作的，尽量进行合作，但必须巧妙斗争以守住底线。同时，更好地推动与欧盟、金砖国家的合作，创造条件放大彼此的共同利益。这样有利于促进国际经济、政治发展的规则化与法制化，将美国的个体行为更多地关进法制的笼子里，从而给中国发展创造一个日益宽松的国际环境。

Research on the Operation Dilemma and Development Trend of U. S. Indo-Pacific Strategy from the Perspective of Benefit Sharing Mechanism

Huang Xingnian

Abstract   The "Indo-Pacific" strategy of the United States is in the context of major changes in the geopolitical and political power structures, which wants to maintain and consolidate the U. S. -led "Indo-Pacific" order and curbs new competitors, but there are inherent difficulties in this strategy. On the one hand, its operation costs are high. "America First" value orientation inevitably requires its participants of the "Indo-Pacific" Strategy to share more costs and undertake more obligations. However, there is no common rule on how to share the costs and commitments. On the other hand, the strategy lacks an effective benefit-sharing mechanism, which will directly increase the uncertainty on the operation of the U. S. "Indo-Pacific" strategy. It will cause more contradictions and operational difficulties. China should continue to pursue a win-win and good-neighborly policy, expand the Sino-U. S. circle of friends as far as possible to build a community of common destiny among the "Indo-Pacific", and weaken or even eliminate the negative impact of the U. S. "Indo-Pacific" alliance on China's development.

Key Words   Indo-Pacific Strategy; Cost Sharing; Benefit Sharing; Operation Dilemma

Author   Huang Xingnian, Senior Visiting Scholar at the State University of New York (Buffalo), Professor and Ph. D. .

英国南海政策的演变、原因与潜在影响

刘 晋

【摘要】 从 2016 年开始，英国放弃了在南海问题上不持立场的政策，公开对中国施压且派遣军舰巡航亚太地区，以"航行自由"为由侵犯中国西沙领海。英国南海政策的转变受到"南海仲裁案"和"脱欧"的深刻影响。"南海仲裁案"促使英国转变立场，"脱欧"带来的多重压力则推动英国升级了介入南海的行动。英国军舰在南海海域和亚太地区的常态化活动不仅可能对澳大利亚和日本以及与中国在南海存在争端的东南亚国家产生鼓励和示范效应，还可能推动法国和印度等域外势力介入南海争端，增大发生意外的风险。英国军舰在亚太地区的常态化活动可能持续下去，但由于本土安全形势、主力水面战舰数量有限、防务预算压力以及维系对华友好关系的限制，类似行动难以扩大规模。

【关键词】 英国　南海　航行自由行动　"脱欧"

【作者简介】 刘晋，中国国际问题研究院欧洲研究所，法学博士。

　　2016 年以来，英国改变了此前在南海问题上不持立场的态度，开始高调地对中国施压。包括首相在内的数位高级官员多次就南海争端和"航行自由"发声，要求中国遵守所谓的南海仲裁裁决。2018 年英国陆续派出三艘军舰巡航亚太地区，并于 8 月 31 日未经通报就驶入中国西沙领海，成为美国之外唯一以"航行自由行动"（Freedom of Navigation Operation, FONOP）挑战中国领海制度和主张的国家。上述行动表明英国的南海政策发生了转变。那么转变之后的英国南海政策主要有哪些内容？为什么在中英关系"黄金时代"继续深化的背景下，英国的南海政策在两年内就发生了这样"剧烈"的升级？为什么英国要在本身海上安全并未受到威胁的情况下不远万里跑到南海挑战中国？英国南海政策的变化会产生怎样的影响？本文力图剖析英国南海政策变化背后的逻辑，并就其南海行动的可能发展做一些预判。

一 从"有原则的声明"到"航行自由行动"

英国在南海没有领土要求，2016 年以前在南海问题上亦采取谨慎中立的方针，只在欧盟和七国集团（G7）框架下参与发表"有原则的声明"（principled statement）。① 这类声明的措辞往往比较小心，侧重强调遵守国际法、和平解决争端等一般性原则，并不特别表明立场或指责中国。例如，在针对 2014 年中越南海争端的声明中，英国政府仅表示支持欧盟关于"要求各方以国际法寻求和平与合作性解决办法……继续确保安全与航行自由"，"采取降级措施，避免单边行动"的声明，只补充了"要求各方保持克制"的简短声明。② 在 2015 年 4 月 G7 外长"关于海洋安全的联合声明"中，涉及航行和飞越自由的部分未提及南海，且仅对中国东海和南海的形势进行"观察并对任何单边行为表示担心"，并未特别点名中国。③ 英国政府甚至未在政府网站上发布这一声明。

2016 年以后，英国政府放弃了在南海问题上的谨慎中立姿态。这种立场的转变主要包括两个层面：第一，在南海争端方面放弃中立立场，公开对中国施压。2016 年 3 月，英国政府在其官网发布了欧盟对南海事态的声明，要求"各声索方以符合包括《联合国海洋法公约》（UNCLOS）及其仲裁程序在内的国际法的方式……解决争端"。④ 2016 年 5 月，英国时任首相卡梅伦在日本参加 G7 峰会时对中国"采取了他最严厉的姿态"，"公开

① HM Government, UK National Strategy for Maritime Security, Cm 8829, May, 2014, p. 26；Mathieu Duchâtel, "Europe and Maritime Security in the South China Sea: Beyond Principled Statements?" *Asia Policy*, No. 21, 2016.

② "UK speaks in support of EU's statement on tensions in South China Sea", UK Foreign & Commonwealth Office, May 10, 2014.

③ "G7 Foreign Ministers' Declaration on Maritime Security in Lübeck, 15 April 2015", Germany Federal Foreign Office, April 15, 2015.

④ "Declaration by the High Representative on behalf of the EU on recent developments in the South China Sea", UK Trade and Investment, March 18, 2016.

要求中国遵守海牙常设仲裁庭对南海的仲裁"。① 初看起来，英国在这方面似乎只是延续了此前"要求各方尊重国际法"的一贯立场，但考虑到中国从菲律宾一开始发起"仲裁"时就表达了"不参与、不接受"的立场，英国事实上已经正式放弃了中立的立场。

第二，在外交表态和"航行自由行动"两个方面挑战中国南海领海制度和主张。2016年1月，英国时任外交大臣哈蒙德（Philip Hammond）表示，南海航行和飞越自由对英国来说是一条"红线"。同年12月，英国驻美大使达洛克（Kim Darroch）在华盛顿表示，英国计划逐渐介入南海争端，"以保护航行自由，保持海空航道的开放"。2017年7月，时任防卫大臣法伦（Michael Fallon）向路透社表示，英国将于2018年向南海派遣军舰，"以表明英国有权进行航行自由行动"。同月英国时任外交大臣约翰逊（Boris Johnson）在访问澳大利亚时表示，英国新入役航母的首个行动就是巡航南海，"以证明英国对航行自由的信仰"。2018年2月访问澳大利亚以及6月在新加坡香格里拉会议上，现防卫大臣威廉姆森（Gavin Williamson）两次表示英国军舰要在南海行使"航行自由"的权利。②

英国并非虚张声势。从2018年年初开始，英国陆续向亚太地区派出两艘护卫舰和一艘两栖攻击舰。英国军舰数次穿越南海，其中的"海神之子号"两栖攻击舰8月31日未经通报便驶入了中国西沙领海，引发了中国的公开抗议。③ 最先公开报道英国军舰此次行动细节的是英国路透社，它的独家新闻显示，英国此次"航行自由行动"挑战的是所谓的"中国在西沙的过度海洋主张"，即英国认为英舰此次经过的西沙岛礁"不享有12海里

---

① "David Cameron：China must abide by ruling on South China Sea", *The Guardian*, May 25, 2016.

② "China lands more planes on its man-made island in the disputed South China Sea", *Mail Online*, January 7, 2016；"The British Are Coming… To the South China Sea", *The Diplomat*, December 9, 2016；"Britain plans to send warship to South China Sea in move likely to irk Beijing", *Reuters*, July, 2017；"Britain's new aircraft carriers to test Beijing in South China Sea", *The Guardian*, July 27, 2017；"UK to send Royal Navy warship through disputed South China Sea in challenge to Beijing", *Independent*, February 13, 2018；"France, UK announce South China Sea freedom of navigation operations", *Naval Today*, June 6, 2018.

③ 《国防部新闻发言人任国强就英国军舰擅自进入中国西沙群岛领海发表谈话》，中华人民共和国国防部，2018年9月6日；《2018年9月6日外交部发言人华春莹主持例行记者会》，中华人民共和国外交部，2018年9月6日。

领海"，英舰"未驶入西沙领海"。① 此外，从这三艘军舰的部署顺序和航行状态来看，英国至少计划在 2018 年内维持这种"一一一"的部署，即始终保证有一艘军舰巡航亚太地区，另两艘分别处于奔赴亚太地区和返航途中的状态。这是英国海军自 2013 年以来首次向亚太地区派出三艘军舰，也是大约二十年来首次意图在亚太地区保持常态化海上存在的步骤。

上述动向表明，英国的南海政策发生了大幅转变，即外交上放弃中立，要求中国遵守"仲裁结果"，军事上在亚太地区进行常态化巡航，伺机运用"航行自由行动"挑战中国在南海的领海制度和主张。英国南海政策的这种演变具有三大明显特点：第一，从无到有。英国在南海并无领土主张，南海问题逐渐升温的这二十多年中亦从未有过明确的南海政策，现在这个政策已经形成。第二，从极其模糊到逐渐清晰。法伦在 2017 年 7 月那次表态后曾在保守党大会上否认英国有向南海派出军舰的计划。② 约翰逊同样在表态后又表示"尚未决定要这么做"。③ 但到了 2018 年初，英国南海"航行自由行动"计划的时间和方式，甚至舰种都已经明确。第三，升级颇为剧烈。从不持立场到放弃中立约有一年时间，从制定计划到实际派出军舰大概只有 8 个月的时间。此外，英国军舰第一次"航行自由行动"就挑选了全部岛礁都在中国控制下的西沙群岛，且否认经过岛屿享有领海主权，步骤剧烈，挑衅意味浓厚。

二　英国南海政策变化的多重原因

英国的南海政策在短时间内发生这样的变化和升级是多重因素综合作用的结果。中国拒绝承认和遵守海牙临时仲裁庭所谓的南海仲裁，是英国南海政策变化的直接诱因。"脱欧"背景下美国政府施加的政治压力、加强与亚太地区盟友的政治军事联系、促进军备出口、英国政府内部门政治斗争则是其南海政策升级的重要推手。

---

① "Exclusive：British Navy warship sails near South China Sea islands, angering Beijing", *Reuters*, Sep. 6, 2018.

② "British Defense Secretary：UK has no intention of conducting 'freedom of navigation' flights over South China Sea", *People's Daily*, Oct. 12, 2017.

③ "Britain's new aircraft carriers to test Beijing in South China Sea", *The Guardian*, July 27, 2017.

（一）"南海仲裁案"与"基于规则的国际体系"

2013 年菲律宾发起所谓的南海仲裁时中国就表明了"不接受、不参与仲裁"的基本立场。2016 年 7 月 12 日，临时仲裁庭作出"裁决"，中国随即宣布"该裁决是无效的，没有约束力，中国不接受、不承认"，并发布白皮书再次强调要通过谈判解决与菲律宾在南海的争议。① 在这四年期间，中国通过多个渠道并在多个场合公开表达了在"仲裁"问题上的立场，中国驻英大使还专门在英国报章和各类平台上阐述过中国立场。② 英国政府和公众应该不会对中国拒绝承认"仲裁"结果感到意外。这里的关键问题是，为什么中国的立场会驱使英国冒着损害它极为重视的"黄金时代"中英关系的风险，公开放弃此前的中立态度？

英国政府从未明确阐述中国拒绝"仲裁"结果会造成怎样的后果，以至于其必须公开对中国施压，只表示"南海仲裁结果对中国和菲律宾同样具有约束力"，"中国必须遵守仲裁结果"。③ 尽管如此，卡梅伦以及其他英国政府官员的表态仍旧清晰地显示了英国立场转变的根源，即英国认为中国对待"南海仲裁"及其结果的态度是对《联合国海洋法公约》（下称《公约》），进而对国际法和基于规则的国际体系的"严重挑战"。皇家国际事务研究所的比尔·黑顿（Bill Hayton）直白地说出了英国政府官员不太可能在外交辞令中表达的"多米诺骨牌"逻辑："《公约》是国际和平与安全的基石之一。……为世界海洋资源的分配提供了一个中立的机制，但我们看到中国正在南海破坏它。……如果人们让这种事成功了，《公约》就将在各处都被削弱，不仅仅是南海。如果各国能简单地将国际条约视为

---

① 《中华人民共和国政府关于菲律宾共和国所提南海仲裁案管辖权问题的立场文件》，中华人民共和国外交部，2014 年 12 月 7 日；《中华人民共和国外交部关于应菲律宾共和国请求建立的南海仲裁案仲裁庭所作裁决的声明》，中华人民共和国外交部，2016 年 7 月 12 日；《中国坚持通过谈判解决中国与菲律宾在南海的有关争议》，中华人民共和国外交部，2016 年 7 月 13 日。

② Liu Xiaoming, "Stop Meddling in the South China Sea", *The Times*, May 4, 2016, 对应中文见刘晓明《停止插手南海事务》，中华人民共和国驻英国大使馆，2016 年 5 月 4 日。

③ "Written Evidence from Foreign and Commonwealth Office", UK Parliament: Foreign Affairs Committee, April 17, 2018, p. 8; "South China Sea: Britain says court of arbitration ruling must be binding", *The Guardian*, April 19, 2018.

'废纸片',那么就没有什么协议是安全的,国际秩序就会开始瓦解。"① 一旦将中国对"南海仲裁"的立场上升到"挑战"《公约》和国际体系规则的高度,英国对华态度就会显著恶化。作为严重依赖海上贸易及其通道的岛国,英国在四百年的现代史中一贯强调海洋的"开放"和"整体"属性,视公海(high seas)为"全球公域"(global commons),"不受单个国家的占有或控制"。②《公约》被英国视为全球海洋秩序和国际合作的重要保障。发布于2014年的《英国国家海洋安全战略》表明,为了"捍卫海洋领域,确保公海行动自由",英国将"确保他国遵守《公约》","监控《公约》不被遵守的情况,与盟友和伙伴协作,以最佳方式促使各国遵守之"。③

(二)"脱欧"与英国南海政策的升级

"南海仲裁"促使英国放弃此前的中立姿态,但并不足以推动其采取切实行动远赴南海挑战中国。如前所述,中国早在2014年就发布文件,正式宣布了"不接受、不参与仲裁"的立场,后又反复宣告、阐述了这一立场。中国不接受最终"仲裁"结果并不会令英国意外。2016年前的这段时间里,英国不仅未转变姿态,还积极发展对华关系。2015年恰恰是英国加入亚洲基础设施投资银行(AIIB),与中国开启两国关系"黄金时代"的重要年份。真正促使英国升级南海政策、派舰挑战中国的是"脱欧"带来的多重压力。英国发现自己必须牺牲一部分对华友好关系,以在"脱欧"背景下维系与盟友的关系、显示大国地位。

首先,"脱欧"背景下,英国已无法再对美国政府施加的政治压力无动于衷。英国本身的繁荣稳定、遍布全球的盟友与伙伴网络以及符合其利益的国际体系不仅环环相扣,亦是英国国家安全的三大核心支柱。其中英

① Bill Hayton, "Two Years On, South China Sea Ruling Remains a Battleground for the Rule-Based Order", Chatham House Expert Comment, July 11, 2018;关于中国政府和学者对"南海仲裁"约束力的驳斥,除中国政府上述文件和声明,还可见高圣惕《论中菲南海仲裁案之"无效性"》,《国际问题研究》2015年第5期。

② HM Government, UK National Strategy for Maritime Security, p. 25;关于英美海洋自由观念的概述,可见英国外交部刊载的一篇文章:Geoffrey Till, "Freedom of the Seas: why it matters", UK Foreign & Commonwealth Office, November 30, 2011。

③ HM Government, UK National Strategy for Maritime Security, pp. 26 - 27.

美"特殊关系"是重中之重，维持并加强这一关系是"二战"以来英国的既定国策。① 然而，能够在防务安全、政治、经济等领域让英国享受诸多好处的"特殊关系"并非免费的。英国不仅需要在众多外交政策上追随美国，亦需保持自身特殊的战略价值。然而，"脱欧"将大幅削弱英国对欧盟的影响力，英国充当美欧"桥梁"的价值将大幅下降。在"脱欧"必将发生的情况下，英国发现自身外交政策的选择空间收窄，必须对美国的关切予以更多响应。卡梅伦公开对中国施压明显受到奥巴马政府此前指责的影响。对传统盟友不留情面的特朗普上台后一再要求盟友分担责任，并大幅提升南海挑衅力度。在这种情况下，英国不仅加强了对北约的承诺和投入，更开始追随美国南海政策，以显示其是美国"最可靠"的盟友。②

其次，英国需要显示全球行动能力，加强与英联邦及亚太地区的经济联系，以缓和"脱欧"带来的不确定影响。英国脱离欧盟后的经济发展前景如何？英国兑现全球盟友承诺的能力和意愿会不会下降？这是英国盟友始终关注的两大问题。为缓和外界担忧，表明继续深度介入世界事务的决心，英国政府提出了"全球英国"的政策目标，反复重申对盟友的义务，积极显示全球行动能力。③ 派舰巡航亚太海域就是英国实现该目标的行动之一。英舰在亚太地区活动的内容非常丰富。三艘军舰陆续从本土出发，途径中东、印度洋、南海与西太平洋，沿途与法国、澳大利亚、日本、文莱协同训练、演习，监督联合国对朝鲜制裁的执行情况，访问多国港口，举行舰艇开放日与战争纪念等各类活动和仪式，突出显示了英国海军具备海外常态化部署的能力。④ 此外，英国积极与英联邦国家和亚太地区主要

① HM Government，National Security Strategy and Strategy Defence and Security Review 2015：a Secure and Prosperous United Kindom，Cm 9161，November 2015，p. 51；关于英美"特殊关系"的概述，可见徐瑞珂《后脱欧时代的英美特殊关系：机遇与挑战》，载王展鹏编《英国发展报告：2016—2017》，社会科学文献出版社 2017 年版，第 145—151 页。

② 英国防卫大臣威廉姆森（Gavin Williamson）2018 年 8 月初访问美国时表示："美国从未拥有，也不会再有比英国更可靠的盟友"，"Defence Secretary confirms UK-US relationship remains unparalleled"，UK Ministry of Defence，August 8，2018；关于特朗普政府升级南海挑衅力度，见刘琳《美国在南海的"航行自由行动"探析》，《当代美国评论》2018 年第 1 期，第 89—93 页。

③ 关于"全球英国"及"脱欧"对英国外交的影响，见崔洪建《脱欧进程下英国外交的变化》，载王展鹏编《英国发展报告：2016—2017》，社会科学文献出版社 2017 年版，第 21—28 页。

④ 英舰活动的内容可见英国海军官网发布的消息。

经济体就"脱欧"后签订自由贸易协定进行沟通。澳大利亚和日本是英国计划在亚太地区重点加强联系的国家。① 鉴于澳大利亚近年与中国关系紧张，南海问题就成了英国支持联邦成员外交政策、凸显其联邦领袖地位并加强经贸关系的有力工具。事实上，英国军舰在亚太地区和南海的活动也的确推动了英国对澳大利亚的防务出口。英国防务公司 BAE Systems 不久前赢得澳大利亚 9 艘护卫舰建造的竞标，涉及金额高达 200 亿英镑，是近十年来金额最大的一笔国际军舰交易，为"脱欧"背景下的英国防务工业注入了一剂"强心剂"。②

最后，英国议会和国防部希望借军舰部署争取增加防务投入。英国将脱离欧盟，但英国位于欧洲西部边陲的地理现实并不会改变。在数十年形成的紧密关系中，欧洲大陆的安全事务仍将对英国产生影响。一言以蔽之，"脱欧"无法使英国削弱对欧洲安全事务的投入。在维持甚至加强欧洲防务投入的同时加强域外安全承诺，英国本就颇为紧张的防务预算面临不小压力。英国议会报告除一贯强调俄罗斯威胁外，亦开始凸出中国可能在南海"对航行自由造成的威胁"，以谋求更多防务投入。③ 英国国防部亦积极游说包括英国王室和议员在内的各界人士对无意增加军事投入、维持英国"一流军事强国地位"的首相特雷莎·梅施压。现任国防大臣威廉姆森为此甚至不惜对特雷莎·梅发出政治威胁。④ 英国政府人士甚至伙同媒体放大英国海军在欧洲海域应对俄军舰艇的"窘迫"状态以及在南海遭到的"围堵"。⑤

---

① "UK Chief of Defence Staff reaffirms commitment to Australia", UK Ministry of Defence, February 7, 2018; "UK reaffirms relationship with Asia Pacific partner Japan", UK Royal Navy, March 5, 2018.

② "Defence Secretary meets Australian defence minister following £ 20bn British warship deal", UK Ministry of Defence, July 10, 2018.

③ House of Commons Defence Committee, "Beyond 2 per cent: A preliminary report on the Modernising Defence Programme", HC 818, June 18, 2018, pp. 10 – 11.

④ "Revolt in PM's ranks as military chiefs seek royal support for bigger budget", *The Times*, July 1, 2018.

⑤ "Cash-strapped Navy forced to send pint-sized vessel to intercept two Russian attack subs", *The Sun*, January 31, 2018; "Revolt in PM's ranks as military chiefs seek royal support for bigger budget", 该文提及，英国"萨瑟兰号"护卫舰穿越南海时遭遇 16 艘中国舰艇跟踪。英国军界人士伙同媒体放大英国海军"窘境"，争取防务预算的做法并不新鲜。早在 19 世纪末，英国海军就曾向媒体披露信息，宣扬海军的"无力状态"，夸大法国海军的威胁，最终促使英国政府 1889 年通过增加投入的《海军防御法案》，见 Arthur J. Marder, *The Anatomy of British Sea Power: A History of British Naval Policy in the Pre-Dreadnought Era, 1880 – 1905*, New York: Octagon Books, 1976, pp. 59, 121 – 122, 126 – 129, 131 – 133.

三 英舰南海行动的鼓励与示范效应

在南海问题上，美国的盟友大多仍旧停留在外交表态上，即虽然表明了支持"仲裁"结果和美方南海立场的态度，但并未采取实际行动追随其"航行自由行动"。澳大利亚、日本和法国尽管都曾公开表达过在南海进行"航行自由行动"的意图，但迄今并未付诸实施。三国军舰在南海的巡航和演习，也大多是打"擦边球"，是在无争议地区进行的。由于中国亦尊重公海自由，这些行为除了引起一些担忧外，并未引发中国政府的抗议。①一言以蔽之，美国曾是唯一以军舰擅自进入中国 12 海里领海并实施演练公开挑战中国领海通报制度及领海主张的国家。英国的南海行动打破了这种状况，既会鼓励美国继续"航行自由行动"，又可能对澳日法印以及与中国存在南海争端的东南亚国家产生示范效应。

首先，美国继续在南海进行"航行自由行动"的信心将得到鼓励和强化。美国政府一直希望盟友与其共同实施"航行自由行动"，但得到的实际响应其实不足。如上所述，澳大利亚和日本军舰在南海的活动并未侵犯中国南海领海主权，也未挑战中国领海通报制度。作为远离南海的欧洲国家，英国的第一次挑衅就选择了全部岛礁都在中国控制下的西沙群岛，而且是运用曾经担任英国舰队旗舰的"海神之子号"（HMS Albion）两栖攻击舰单独进行的，美国政府的信心将得到极大鼓舞，更加坚定立场。

其次，澳大利亚和日本可能效仿英国采取类似行动。同为美国的关键盟友，英国的行动不仅可能为此前举棋不定的澳大利亚和日本树立"榜样"，更有可能迫使两国采取行动，以免在强化与特朗普政府战略纽带的竞争中"落后"。日本防卫省 2018 年 9 月 17 日证实，日"黑潮号"潜艇 9 月 13 日与"加贺号"护卫舰等三艘舰艇在南海进行了假想反潜作战训练。这是"承担实际任务的潜艇首次在南海训练且进行了公开"，尽管并未实际挑衅且日本政府似乎"有意低调处理"。② 这种少见的做法可能是受到了

---

① 法国武装部队部长帕里（Florence Parly）曾在 2018 年 6 月的香格里拉对话会上说法国军舰曾穿越南海。但从中国未曾对其发出外交抗议来看，法国"航行自由行动"的内容与美国并不相同。法方言论见该部长在 2018 年香格里拉对话会上的发言："Raising the Bar for Regional Security Cooperation", IISS Shangri-La Dialogue, June 3, 2018。

② 《日本潜艇南海搞演习，算盘打得很清楚！》，《参考消息》2018 年 9 月 19 日。

英舰行动的影响。此外，英国海军官网的消息显示，英国军舰在亚太地区的部署至少将在 2018 年内常态化进行，而且可能持续下去。这有可能鼓励同为域外国家的法国和印度加大对南海争端的介入程度，增加发生意外的风险。

最后，越南等与中国存在南海争端的东南亚国家在南海问题上与中国协商合作的动力可能受到影响。尽管英舰的南海行动主要不是支持东南亚国家的南海立场，但可能影响它们与中国合作的态度。英舰在前往越南胡志明市访问途中侵犯了中国西沙群岛领海，挑战的是中国的海洋主张，表明其不承认途径的西沙岛礁享有 12 海里领海。① 这将鼓励越南的西沙要求。

四　英舰南海行动走向与中国的应对

如上所述，英国军舰在南海的行动受其内政外交多重因素制约，某种程度上也会受到中国所作反应的影响，很难预测其活动细节。但根据笔者以上对英国行为动机的分析以及对其国防部和海军近一年来公布消息的跟踪，仍然可以就其南海行动走向做一个大致的判断，即英舰大概会继续在亚太地区进行常态化巡航，但无法扩大巡航规模，有可能继续以"擦边球"的方式挑战中国，但不会加大挑衅力度。

军舰在远离本土的海域进行常态化部署并协同他国共同训练、演习，既需要性能优越的装备和训练有素的人员，亦是一件需要大量规划安排、沟通协调，因而高度复杂的事。实际上，从英国前防卫大臣和外交大臣 2017 年 7 月的集中表态来看，英国政府就其军舰部署大概进行了至少 8 个多月的规划。三艘军舰亦非同时派出，而是采取了"一一一"的部署方式，以实现舰艇和人员的轮换和休整。按照这种部署，英国军舰将至少在 2018 年年内，可能在 2019 年继续在亚太地区进行常态化巡航。

但是，受本土水域安全形势、主力水面战舰总数拮据和防务预算压力限制，英国难以扩大在亚太地区的巡航规模。目前英国拥有 6 艘驱逐舰和 13 艘护卫舰，总计 19 艘主力水面战舰，两栖攻击舰则仅有 2 艘。在亚太

---

① "Exclusive: British Navy warship sails near South China Sea islands, angering Beijing", *Reuters*, Sep. 6, 2018.

地区的部署已经需要 2 艘护卫舰和 1 艘两栖攻击舰，再扩大巡航规模可能会影响英国在对其更重要的欧洲及地中海水域的部署。如上所述，尽管英国媒体夸大了英国海军在监视俄军舰艇时的"窘迫"状态，它确实面临着军舰数量不足的压力。经费的压力更将限制其扩大欧洲域外巡航规模。毕竟，在英国实际利益并未受到侵害的情况下，将本已拮据的经费大量投入到远离本土的地方很难说服英国公众，更不用说特雷莎·梅和威廉姆森在增加防务投入上的分歧了。

此外，英国继续加大对中国挑衅力度的意愿并不足。如上所述，英国在南海进行针对中国的"航行自由行动"，在相当大的程度上是受到美国的影响。英国军舰目前在亚太地区和南海的行动已经能够满足响应美国政策和几乎所有其他目的的需要，英国已无继续升级挑衅力度的实际必要。此外，加强与中国在经济、贸易以及投资领域的接触是近二十年来英国国家安全战略的既定方针。① 这方面可以列举的事例很多。例如，2015 年英国成为亚洲基础设施投资银行首个主要西方创始成员国，② 两国同年还开启了中英关系的"黄金时代"。在"脱欧"的背景下，英国不仅需要加强与日本和澳大利亚等国的经贸联系，亦需强化与中国的经贸联系。在近年欧盟对华投资审查日趋严格的情况下，英国仍旧欢迎中国投资。③ 2018 年 8 月 25 日，中国商务部和英国国际贸易部更达成了"积极探讨英国脱欧后双方商谈高水平自贸协定可能性"的共识。④ 继续挑衅中国的代价将是巨大的。

中国政府对英国南海行动的反应颇为克制。实际上，在当前中美贸易战不断升级和欧盟对华保护主义抬头的情况下，中国亦有维持良好中英关系的需要。除了对英舰侵权行动进行必要反应，谨防他国跟风，亦需防止

① HM Government, National Security Strategy and Strategy Defence and Security Review 2015, p. 58.

② 为此美国政府罕见地公开指责英国政府"迁就中国"，"US anger at Britain joining Chinese-led investment bank—AIIB", *The Guardian*, March 13, 2015。

③ 中资参与欣克利角核电项目尽管一度被重审，但最终未受阻碍；在美国、澳大利亚以及欧洲大陆屡受质疑和拒绝的中国企业华为已在英国较为平稳地运营了 17 年，已成为英国主流电信企业的重要合作伙伴。

④ 《中英经贸联委会第 13 次会议在京召开》，中华人民共和国商务部，2018 年 8 月 25 日。中国经济的统计数据以及报告常年挂在英国外交部官网首页是这方面另一个值得注意的现象。见 "China Economy Update" "China Special Economic Reports", UK Foreign & Commonwealth Office。

英国在南海问题上进一步向美国靠拢。最后，加速与东盟国家的协商谈判，积极研究并推动达成有法律约束力的"南海行为准则"，杜绝域外势力介入的借口，亦十分必要。

The Evolution, Drivers and Implications of UK's Policy on South China Sea

Liu Jin

Abstract UK abandoned its neutral position on South China Sea (SCS) since 2016. UK's leaders urged China to abide by the SCS Arbitration publicly and sent warships to navigate Asia-Pacific waters. HMS Albion challenged Paracel Islands' territorial waters by its Freedom of Navigation Operation on August 31st 2018. The transformation of UK's SCS position is deeply influenced by the Arbitration and Brexit. The Arbitration made UK abandon its neutral position and the multi-pressure brought by the Brexit pushed UK to upgrade its operations. UK warships' regular navigation and operations in Asia-Pacific and SCS will encourage and set an example to Australia, Japan and those Southeast Asian countries which dispute with China on SCS. France and India may also be encouraged to get more involved in SCS and the risk of accidents will be enlarged. However, restricted by European waters' security pressure brought by Russia, limited major surface combatants and defence budget, and the need to sustain a good relationship with China, UK warships' regular navigation may last for some time but can hardly be expanded.

Key Words UK; South China Sea; Freedom of Navigation Operation; Brexit

Author Liu Jin, Ph. D. , Department for European Studies, CIIS, Beijing.

回顾与展望：中国—东盟农业合作现状、问题与建议

郭　昕

【摘要】2018 年 10 月，《中国与东盟各国关于食品与农业合作的谅解备忘录》顺利续签，为中国—东盟农业合作谱写了新的篇章。与此同时，2018 年又恰逢中国改革开放 40 周年、"一带一路"倡议提出 5 周年、中国实施乡村振兴战略第一年以及中国—东盟建立战略伙伴关系 15 周年。在这一特殊的历史节点上，双方的农业合作得到了更多关注，也迎来了换挡升级的难得机遇。本研究将在系统梳理中国—东盟农业合作现状的基础上，分析当前双方农业合作存在的问题，并据此提出政策建议。

【关键词】中国—东盟　农业　合作
【作者简介】郭昕，农业农村部对外经济合作中心，经济师。

东盟是世界上最成功的区域合作组织之一，2017 年庆祝了"金禧年"，东盟的发展壮大为促进区域发展做出了重大贡献。中国和东盟一直是山水相连、人文相亲的好邻居，是紧密协作、共同发展的好伙伴。2018 年是中国和东盟建立战略伙伴关系 15 周年。15 年来，中国和东盟开展全方位、多层次、宽领域合作，取得了丰硕成果，展示出巨大活力。

农业与粮食安全合作是中国与东盟在民生领域的重要合作内容。2001 年，第五次中国—东盟领导人会议把农业确定为双方面向 21 世纪合作的重

点领域之一。① 一年后，中国农业部与东盟秘书处正式签署了《中国—东盟农业合作谅解备忘录》，把双方农业合作推进到了实质性的合作与发展阶段。② 2013 年，中国与东盟签署了首个《关于食品与农业合作的谅解备忘录》。2018 年 10 月，双方又续签了这一备忘录，③ 提出了农业农村绿色发展、创新农业体系、应对气候变化、农产品质量安全、公私合作等新时期双方农业合作的重点领域。

一　中国—东盟农业合作现状

（一）　政策对话不断加强，战略对接更加顺畅

中国与东盟利用多双边机制和对话平台，不断加强政策交流与协商，促进了农业与粮食政策等领域的经验分享、立场协调和交流合作。

在多边层面，双方协调政策的渠道包括覆盖较多经济体的联合国粮农组织平台（FAO）、亚太经合组织平台（APEC），包括围绕东盟国家的中国—东盟农业合作机制（"10＋1"）、东盟与中日韩农业合作机制（"10＋3"），还包括针对特定区域的大湄公河次区域经济合作机制（GMS）。在上述框架下，双方积极开展政策对话和战略对接，形成系列农业发展共识。在此基础上，中国还主导创立了澜湄合作机制（LMC）、④ 东盟与中日韩粮食安全合作战略圆桌会和中国—东盟农业合作论坛等平台，并积极参与东盟与中日韩大米紧急储备（APTERR）及东盟粮食安全信息系统（AFSIS）等项目，推动双方在更深层次、更广领域开展政策对话。

在双边层面，中国与东盟通过高层互访，团组和人员交流，签署双边农业合作备忘录、协议或协定，成立农业合作联委会/工作组等形式，定

---

① ASEAN-China Expert Group on Economic Cooperation, "Forging Closer Asean-China Economic Relations in the Twenty-First Century", October 2001, https://www.asean.org/storage/images/archive/newdata/asean_ chi.pdf，登录日期：2018 年 12 月 5 日。

② 卢肖平：《同心协力化危为机共创未来：论中国—东盟农业合作》，《世界农业》2010 年第 1 期，第 4 页。

③ 《第 18 次东盟与中日韩农林部长会议在河内举行》，中华人民共和国农业农村部，2018 年 10 月 15 日，http://www.moa.gov.cn/xw/zwdt/201810/t20181015_ 6160790.htm，登录时间：2018 年 12 月 1 日。

④ 刘志颐、王锐：《"同饮一江水"的澜湄农业合作》，《中国投资》2018 年第 3 期，第 80 页。

期开展双边政策对话。目前，中国已与大部分东盟国家签署了如《中国—文莱关于水稻种植、渔业养殖合作的谅解备忘录》等多个双边农（渔）业合作备忘录、协议或协定，成立了如中菲农业合作联委会等双边农（渔）业合作联委会（工作组），定期召开会议。通过双边层面农业领域会晤，中国与东盟国家间关于农业合作的互信不断累积，奠定了进一步深化合作的政治基础。

（二）科技交流不断深化，技术支撑更加有力

2002 年以来，中国已陆续在柬埔寨、老挝、马来西亚、缅甸、菲律宾、越南等国开展了玉米种植、户用沼气推广、橡胶苗木生产、园艺作物栽培、饲料加工、种猪生产等示范项目，展示中国优良品种、农业机械与栽培管理技术。同时，中国还支持部分企业和机构在柬埔寨、老挝、印尼等东盟国家实施优质高产农作物示范田项目，有效提高农作物产量，平均增产幅度达 30% 以上，部分品种甚至增产一倍以上，优化了当地耕作方式，提高了农业生产水平。

2012 年，中国启动"中国—东盟科技伙伴计划"，农作物育种与栽培、农产品加工、农业机械化与土壤改良等技术被列为重点技术领域，[1] 标志着中国与东盟国家的农业技术合作进入快速发展阶段。为响应该计划，中国于 2013 年成立"中国—东盟技术转移中心"（CATTC），为中国与东盟国家的农业技术合作提供了更高效率的对接渠道。[2] 广西标准技术研究院和越南区域研究与发展院就农业标准达成合作，广西农业科学院与柬埔寨 Lim Bun Heng 贸易有限公司就农业技术引进及水稻种植、稻米加工达成合作等案例不胜枚举，[3] 有效促进了双方农业技术合作。

同时，根据中国与东盟历次签署的合作谅解备忘录，农业领域的人力

---

① 《中国—东盟科技伙伴计划介绍》，中国国际合作网，2013 年 9 月 3 日，http：//www.cistc.gov.cn/China-ASEAN/info.asp？column＝799&id＝82087，登录时间：2018 年 11 月 15 日。

② 朱月季、胡晨、李佳莲：《"一带一路"倡议下中国与东盟国家农业技术合作模式研究》，《世界农业》2018 年第 9 期，第 30 页。

③ 《CATTC 促成广西农业科学院与柬埔寨企业农业领域合作》，中国—东盟技术转移中心，2017 年 8 月 8 日，http：//www.cattc.org.cn/casedetail.aspx/6947，登录时间：2018 年 11 月 15 日。

资源合作都是重要内容之一。双方每年互派农业科技考察交流团组，举办农业科技论坛和研讨会，在农村能源、水稻机械化生产、水果质量标准与国际贸易等领域广泛交流。据不完全统计，中国为东盟国家先后举办了260余期农业技术与管理培训班，涉及农业经营管理、农业生产技术、农业机械化应用、动植物疫病监测与防控、农村资源可持续利用等多个领域，吸引了来自东盟国家的4000余名农业管理和技术人员参加。双方农业科技交流合作水平逐步提升，为产业发展提供了有力的技术支撑。

（三）贸易合作不断升级，发展动能更加强劲

2004年以来，随着中国—东盟自由贸易区建立步伐的加快和"早期收获计划"（China -ASEAN Early Harvest Program）的实施，中国和东盟双边农产品贸易额大幅增加。2010年，中国—东盟自贸区作为发展中国家组成的最大自贸区正式建成，双边农产品贸易合作发展驶入"快车道"。2015年，中国和东盟签署自贸区升级版议定书，大幅提升双边经贸合作的自由化与便利化程度，助推双边农产品贸易合作持续高涨。此外，每年定期召开的中国—东盟博览会等大型会展活动也为推动双边农产品贸易提供了良好平台。

2017年，中国与东盟农产品贸易合作量再创新高，达到319.8亿美元，同比增长7.04%，占中国农产品对外贸易额的16%。其中，中国对东盟出口158.37亿美元，同比增长2.99%，中国自东盟进口161.43亿美元，同比增长11.33%。[①]

表1　　　　　　　　中国对东盟各国农产品贸易额统计　　　（单位：亿美元）

年份 国别	2017	2016	同比（%）
菲律宾	281320	255741.7	10.00

---

① 《中国进出口月度统计报告：农产品》，中华人民共和国商务部对外贸易司，2018年11月29日，http://wms.mofcom.gov.cn/article/zt_ncp/table/2017_12.pdf，登录日期：2018年12月15日。

续表

年份 国别	2017	2016	同比（％）
柬埔寨	17963	19974	-10.07
老挝	14899.2	14275.4	4.37
马来西亚	473477.5	477923.3	-0.93
缅甸	66011.1	55246.3	19.49
泰国	774327.3	780169.7	-0.75
文莱	1824.7	1482.9	23.05
新加坡	113971.6	133948.4	-14.91
印度尼西亚	702338.5	578341.7	21.44
越南	751886.9	670698.1	12.11
总计	3198019.8	2987801.5	7.04

资料来源：《2017 年 12 月中国进出口月度统计报告：农产品》，中华人民共和国商务部对外贸易司，2018 年 11 月 29 日，http：//wms. mofcom. gov. cn/article/zt_ ncp/table/2017_ 12. pdf，登录日期：2018 年 12 月 15 日。

目前，东盟是中国第一大农产品出口市场与第三大农产品进口来源地，[1] 中国自东盟进口农产品已成为双边农业经贸合作持续高涨的首要驱动。

（四）投资合作不断升温，农业发展更具活力

中国与东盟在农业自然资源、农业劳动力资源、农业技术等方面具有很强的互补性，农业领域（含农林牧渔业）的投资已逐渐成为双方农业合作的重要形式之一。2009 年《中国—东盟自由贸易区投资协议》的签订，明确了双方相互给予对方投资者国民待遇、最惠国待遇和投资公平公正待遇，提高投资相关法律法规的透明度，[2] 推动中国与东盟投资便利化和自

① 《农业国际合作展推动双向开放》，广西日报，2017 年 9 月 13 日，http：//wemedia. ifeng. com/29498976/wemedia. shtml，登录时间：2018 年 11 月 19 日。
② 《中华人民共和国政府与东南亚国家联盟成员国政府全面经济合作框架协议投资协议》，南博网，2009 年 8 月 15 日，http：//www. caexpo. com/special/CAFTA/tzxy/，登录时间：2018 年 11 月 19 日。

由化迈上新的台阶。2013年"一带一路"倡议的提出，为中国对东盟农业投资合作注入更强驱动力。2014年，中国国务院批准建立以农业部部长为总召集人、由21个部级单位共同组成的"农业对外合作部际联席会议"制度，将涉农相关方全部纳入，为农业对外合作奠定坚实的组织保障，合力推动农业对外合作。[①]

2017年，中国对东盟国家农业投资流量为6.23亿美元，同比增长66.6%，[②] 占中国对外农业投资流量总额的24.8%，占中国对东盟投资流量的4.4%。中国对东盟国家农业投资存量为45.32亿美元，同比增长44.4%，占中国对外农业投资存量总额的27.4%，占中国对东盟投资存量的5.1%。截至2016年底，中国在东盟国家投资成立的农业企业达320家，比2015年新增54家，占境外农业企业总数的37.1%。[③]

表2　　　　　　　　　　中国对东盟农业投资情况　　　　（单位：亿美元）

类别＼年份	2013	2014	2015	2016	2017	趋势
对外投资流量	1078.4	1231.2	1456.7	1961.5	1582.9	
对东盟投资流量	72.67	78.09	146.04	102.79	141.19	
对外农业投资流量	18.1	20.4	25.7	32.9	25.1	
对东盟农业投资流量	5.43	7.83	5.04	3.74	6.23	
对外投资存量	6604.8	8826.4	10978.6	13573.9	18090.4	
对东盟投资存量	356.68	476.33	627.16	715.54	890.14	
对外农业投资存量	71.8	96.9	114.8	148.9	165.6	
对东盟农业投资存量	15.97	24.44	23.14	31.38	45.32	

资料来源：《2013—2017年度中国对外投资统计公报》。

---

① 《开放合作引领农业走向世界》，农民日报，2017年9月23日，http：//baijiahao.baidu.com/s？id=1579390951117445587&wfr=spider&for=pc，登录时间：2018年11月19日。

② 中华人民共和国商务部、中华人民共和国国家统计局、国家外汇管理局：《2017年度中国对外直接投资统计公报》，中国统计出版社2018年版，第32页；中华人民共和国商务部、中华人民共和国国家统计局、国家外汇管理局：《2016年度中国对外直接投资统计公报》，中国统计出版社2017年版，第32页。

③ 农业农村部国际合作司、农业农村部对外经济合作中心：《中国对外农业投资合作分析报告（2017年度）》，中国农业出版社2018年版，第32页。

总体看来，当前中国对东盟农业投资主要呈现三个特点，一是投资增长快，行业水平低。2017 年，在中国对外投资流量走低的大形势下，对东盟农业投资实现了 66.6% 的强劲增长，但相较于其他行业，农业投资规模明显偏小。二是投资金额多，国别差异大。中国对东盟国家的农业投资金额较多，占到对外农业投资总额的近四分之一，但投资更多集中流向新加坡、泰国、印度尼西亚、老挝、柬埔寨①等传统农业国家，其他国家大量市场潜力有待挖掘。三是投资领域广，科技含量低。② 当前，中国对东盟农业投资从最初的简单农业生产发展到加工、仓储、物流、贸易等方面，涉及粮食和油料作物种植、畜产品养殖、水产等行业，投资形式也更加多元，但规模较大的高科农业企业数量很少，大量资金仍集中于产业链低端。

（五）境外园区建设方兴未艾，合作模式更加丰富

近年来，中国与东盟国家积极应对投资主体竞争力不强、投资产业链整合程度低等突出问题，互设农业产业合作园区，帮助企业开展投资合作，成效明显。例如，中国在印度尼西亚的聚龙农业产业合作区③、经贸合作区④，新加坡在中国吉林共建的中新吉林食品产业园区、马来西亚在中国广西钦州共建的中马产业园等都有较大影响，为双方进一步加强产业园区合作奠定了良好基础。

2016 年，中国农业部启动了境外农业合作示范区建设试点工作⑤，首批选定了 10 个境外农业合作示范区建设试点。在东盟区域，由深圳华大基

① 农业农村部国际合作司、农业农村部对外经济合作中心：《中国对外农业投资合作分析报告（2017 年度）》，中国农业出版社 2018 年版，第 32 页。

② 撒晓宇、赵霞：《中国对东盟国家的农业投资特点与问题分析》，《世界农业》2018 年第 8 期，第 25 页。

③ 中国·印度尼西亚聚龙农业产业合作区实施企业为天津聚龙集团，该区 2016 年 8 月被认定为国家级境外经贸合作区。参见中华人民共和国商务部《中国境外经贸合作区》，2017 年 1 月 9 日，http：//www.cocz.org/news/content-262379.aspx，登录日期：2018 年 11 月 30 日。

④ 中国·印尼经贸合作区实施企业为广西农垦集团，该区 2016 年 8 月被认定为国家级境外经贸合作区。参见中华人民共和国商务部《中国境外经贸合作区》，2017 年 1 月 6 日，http：//www.cocz.org/news/content-262358.aspx，登录日期：2018 年 11 月 30 日。

⑤ 《农业部关于印发〈农业对外合作"两区"建设方案的通知〉》，农外发〔2016〕3 号。

因科技有限公司实施的老挝—中国现代农业科技示范园和由海南顶益绿洲生态农业有限公司实施的柬埔寨—中国热带生态农业合作示范区项目①成功入选。这两个项目注重结合东道国实际，以先进技术为引领，立足区域资源优势和产业特色，通过与所在国农业部门的深入合作，开展育种示范及技术推广等工作，帮助所在国解决粮食安全问题，促进国家经济发展。在项目实施过程中，示范区还同时为所在国提供生物育种、田间管理等领域的专业技术培训，为当地经济发展储备智力资源，对于完善本地区农业供应链、产业链和价值链，提升中国与东盟农业产业在全球的竞争力影响深远。

二　中国—东盟农业合作充满机遇

（一）"一带一路"倡议深入人心，共商共建共享渐成趋势

中国国家主席习近平2013年访问印尼期间，提出愿同东盟国家共建"21世纪海上丝绸之路"，携手建设更为紧密的中国—东盟命运共同体。② 东盟国家领导人均在不同场合公开表态支持并将积极参与。③ 五年来，中国与东盟各国就共建"一带一路"达成广泛共识，积极推动共建"一带一路"倡议与东盟发展规划对接走深、走实。目前，已有9个东盟国家同中国签署了共建"一带一路"协议，④ 建成了相应的"一带一路"服务机构，⑤ 共建"一带一路"已成为中国与东盟国家在推动本国经济发展并带动区域共同发展过程中所共同关心、谋划和参与的重要

① 《农业部关于认定首批境外农业合作示范区和农业对外开放合作试验区的通知》，农外发〔2017〕3号。
② 《习近平：携手建设中国—东盟命运共同体》，中华人民共和国外交部，2013年10月3日，https://www.fmprc.gov.cn/web/ziliao_674904/zyjh_674906/t1084354.shtml，登录时间：2018年10月20日。
③ 郭秋梅：《东盟国家对"一带一路"战略的认同问题考察》，《山东科技大学学报》（社会科学版）2016年第5期，第79页。
④ 《李克强在第21次中国—东盟领导人会议上的讲话》，中华人民共和国外交部，2018年11月15日，https://www.fmprc.gov.cn/web/ziliao_674904/zyjh_674906/t1613230.shtml，登录时间：2018年12月15日。
⑤ 谷合强：《"一带一路"与中国—东盟经贸关系的发展》，《东南亚研究》2018年第1期，第128页。

任务。

2015 年，"一带一路"倡议框架文件《推动共建丝绸之路经济带和 21 世纪海上丝绸之路的愿景与行动》（以下简称《愿景与行动》）发布，明确了东南亚是"一带一路"经过的核心区域之一，东盟是"一带一路"的重要合作伙伴，提出了包括"开展农林牧渔业、农机及农产品生产加工等领域深度合作，积极推进海水养殖、远洋渔业、水产品加工、海水淡化、海洋生物制药、海洋工程技术、环保产业和海上旅游等"在内的合作重点领域。① 习近平主席在"一带一路"国际合作高峰论坛上宣布的六大经济走廊中有两条涉及东盟国家，② 为中国—东盟深化农业合作注入了新的发展动力。2017 年，农业部、发展改革委、商务部、外交部等四部委联合发布《共同推进"一带一路"建设农业合作的愿景与行动》（以下简称《"一带一路"建设农业合作愿景与行动》），③ 细化了中国和包括东盟国家在内的"一带一路"相关国家农业合作的路线图，为深化双边农业合作提供了指引和遵循，中国与东盟国家可在农业合作中各取所需，实现双赢。④经过 5 年的发展磨合，共建"一带一路"被证明符合中国与东盟国家合作理念，也指引了东亚一体化进程的方向，有力推动了中国—东盟战略伙伴关系进入"提质升级"⑤ 的新阶段，引领带动着包括农业领域合作在内的全方位合作升级。

① 《推动共建丝绸之路经济带和 21 世纪海上丝绸之路的愿景与行动》，人民网，2015 年 3 月 28 日，http://world.people.com.cn/n/2015/0328/c1002 - 26764633.html，登录时间：2018 年 12 月 1 日。

② 六大经济走廊分别为中蒙俄、新亚欧大陆桥、中国—中亚—西亚、中国—中南半岛、中巴、孟中印缅，其中，中国—中南半岛经济走廊和孟中印缅经济走廊涉及东盟国家，参见《六大经济走廊》，中国一带一路网，2018 年 7 月 20 日，https://www.yidaiyilu.gov.cn/zchj/rcjd/60644.htm，登录时间：2018 年 12 月 1 日。

③ 《共同推进"一带一路"建设农业合作的愿景与行动》，农民日报，2017 年 5 月 12 日，http://jiuban.moa.gov.cn/zwllm/zwdt/201705/t20170512_5604724.htm，登录时间：2018 年 12 月 15 日。

④ 王金凤、梁瑞华：《"一带一路"战略下中国—东盟农业合作发展分析》，《经济研究导刊》2016 年第 22 期，第 162 页。

⑤ 《中国—东盟战略伙伴关系：提质升级 着眼未来》，光明日报，2018 年 8 月 4 日，http://epaper.gmw.cn/gmrb/html/2018 - 08/04/nw.D110000gmrb_ 20180804_ 1 - 08.htm，登录时间：2018 年 12 月 15 日。

（二）合作需求更加迫切，深化合作的内生动力不断增强

中国与东盟大部分国家都是发展中国家，发展水平参差不齐，农业在国民经济中的地位十分重要，特别是柬埔寨、缅甸等国农业对 GDP 的贡献率更是超过 20%，[①] 但是这些国家都存在农业发展落后于国内其他产业的问题，也都面临着促进农业现代化和不断改善民生的重大任务。随着 2017 年中国对世界经济增长的贡献率超过美国、日本贡献率的总和，成为世界经济增长的第一引擎，东盟国家普遍期待中国在带动东盟地区农业发展进程中发挥更大作用。对中国而言，东盟不仅是地缘上天然的合作伙伴，东盟国家丰富的种植业、养殖业和热带资源，以及优势不断凸显的劳动力资源，更是与中国形成互补，双方开展农业合作空间巨大。2018 年，中国启动乡村振兴战略，发布《乡村振兴战略规划（2018—2022 年)》，为促进农业对外开放、乡村开发，加强中国与周边国家农业农村合作指明了方向。同时，中国与东盟《关于食品与农业合作的谅解备忘录》也在 2018 年顺利续签，新的备忘录融合了"一带一路"倡议和《东盟 2025：携手前行》愿景文件的重点关切，为推动双边农业合作向更高水平迈进提供了行动方案。

与此同时，全球范围内都至关重要的粮食安全问题，在世界粮食主产区东盟更是极为敏感的焦点和各方寻求更加务实农业合作的重要动因。在东亚区域的众多粮食安全合作机制中，2004 年实施的东盟与中日韩大米紧急储备机制得到普遍认可。[②] 该机制旨在通过各国捐赠，专门储备一定数量的大米，以备救灾之需，保障区域粮食安全。2013 年，中国利用该机制向遭受台风"海燕"袭击的菲律宾地区提供了 800 吨大米。[③] 2018 年 10 月，《东盟与中日韩大米紧急储备协定修订议定书》顺利签署，约定了直至 2022 年成员国关于机制运营成本认缴的原则，保证了机制的运转。这一

[①] ASEAN Secretariat, "ASEAN Statistical Highlights 2018", October 2018, https：//www.ase-anstats.org/wp-content/uploads/2018/10/ASEAN_ Statistical_ Highlights_ 2018.pdf，登录日期：2018 年 12 月 2 日。

[②] 崔海宁：《东亚粮食安全合作困局与中国的角色》，《外交评论》2014 年第 1 期，第 94 页。

[③] 丁子、俞懿春：《东盟：数据监测加固粮食安全"堤坝"》，《人民日报》2015 年 7 月 3 日。

机制大米储备量较小，实际上对解决中国粮食安全问题作用有限，但对于建立区域性大米储备机制有现实需求的东盟国家而言，中国对这一机制的持续支持表现了中国负责任敢担当的大国形象，更反映了中国愿意与东盟国家一道共谋发展，构建中国—东盟命运共同体的态度。该协定修订案的顺利续签，使东盟国家对同中国开展务实农业合作的内生动力更加强劲，更令人期待。

（三）机制进一步充实完善，深化农业合作具备更坚实基础

东盟是中国参与农业国际合作机制最完善的地区。域内以中国—东盟合作为主渠道，东盟与中日韩机制、东亚峰会、大湄公河次区域机制、澜湄机制等为平台，以中国—东盟博览会、中国—东盟农业合作论坛等为支撑的中国—东盟农业合作机制格局已经逐渐明朗。随着农业国际合作进程的推进，中国—东盟农业合作机制也在逐步调整跟进，重点合作的领域进一步细化、合作的区域和目标更加聚焦。2018 年对于中国—东盟农业合作机制建设而言是关键的一年，以农业为重要合作内容的三个机制均有重要进展。

一是在澜湄国家领导人第二次会议上，各方决定共建澜湄农业合作中心和联合实验室，共同提升流域农业发展质量和水平，推动澜湄农业合作机制逐步完善，进入新的发展阶段。二是继续推进已进行了 20 余轮谈判的《区域全面经济伙伴关系协定》（以下简称 RCEP），使其逐步上升为各方加强合作机制建设的首要任务。就中国而言，无论是在国内的《政府工作报告》中，还是第 21 次中国—东盟领导人会议上，李克强总理都提出要早日结束 RCEP 谈判。这场谈判的核心之一是农产品贸易及关税减让等问题。预期 2019 年谈判完成后，协定的生效将对域内中国—东盟农业领域合作提供更加强大的推力。三是中国与东盟三大次区域合作机制之一的东盟东部增长区①合作于 2018 年底正式升级为部长级会议机制，农渔业加工领

---

① 东盟东部增长区成立于 1994 年，旨在通过经济互补以及资源和市场共享促进文莱、印度尼西亚、马来西亚和菲律宾等 4 个成员国偏远和欠发达地区的社会经济发展。参见《东盟东部增长区简介》，中华人民共和国商务部，2017 年 7 月 19 日，http://kotakinabalu.mofcom.gov.cn/article/dzqgk/201707/20170702611909.shtml，登录时间：2018 年 12 月 2 日。

域成为《联合声明》中明确的九大合作领域之一。① 中国自 2005 年成为增长区发展伙伴以来，农业就是优先发展的四大合作内容之一。此次机制升级后，双方在农业领域的合作前景将更加广阔。

三 中国—东盟农业合作面临的挑战和存在的问题

（一）宏观层面风险增多

当前，全球经济总体回暖，不稳定不确定因素增多。一方面，保护主义、单边主义抬头，经济全球化和多边贸易体制面临严峻挑战。中国与东盟的发展都得益于参与全球化进程，② 得益于维护国际秩序和践行多边主义。宏观层面逆全球化的暗流，对开放型世界经济造成破坏，使得中国—东盟关系的平衡、健康、可持续发展经受挑战，进而对双边农业合作构成阻碍。另一方面，东盟区域地缘政治环境复杂，人口构成复杂，民族矛盾长期存在。近期，东盟域内民族冲突规模渐呈扩大趋势，一些冲突地区甚至成为恐怖主义温床，对地区安全构成重大挑战，③ 非传统安全威胁的升级破坏了东盟地区经济发展的良好环境，给各国政府制造了更多麻烦，分散并限制了各方推进国际合作的精力和进程，不利于双边农业合作向更高水平推进。此外，南海争端持续影响中国与一些东盟国家关系的发展，约束各方的"南海行为准则"磋商仍在继续，2019 年有望完成第一轮审读。④ 虽然该准则预期会尽快完成磋商，但在短期内南海问题在构建和谐健康的中国—东盟农业合作关系中仍不容忽视，必须妥善应对。

---

① 《中国—东盟东部增长区合作机制升级并召开首次部长级会议》，中华人民共和国商务部，2018 年 11 月 30 日，http://www.mofcom.gov.cn/article/ae/ai/201811/20181102812081.shtml，登录时间：2018 年 12 月 2 日。

② 张蕴岭：《中国大战略中的东盟》，《中国—东盟研究》2017 年第 1 期，第 29 页。

③ 韩志立：《化解危机：东盟民族冲突与预防性外交》，《东南亚研究》2018 年第 1 期，第 13 页。

④ 《李克强在第 21 次中国—东盟领导人会议上的讲话》，中华人民共和国外交部，2018 年 11 月 15 日，https://www.fmprc.gov.cn/web/ziliao_ 674904/zyjh_ 674906/t1613230. sht-ml，登录时间：2018 年 12 月 15 日。

（二）中观层面支撑欠缺

一是研究规划欠缺。中国—东盟关系是中国进行区域治理与构建周边国际秩序的重要试验田，[①] 但中国在这一区域农业领域的合作尚缺乏深入研究。当前域内各种机制、行动、战略、愿景等纷繁复杂，可用"叠床架屋"来形容。除中国—东盟机制、澜湄合作机制外，中国更多的是在参与以东盟为核心的国际机制。新时期中国希望与东盟建立怎样的战略伙伴关系？与东盟农业合作应该更多采用何种模式？应该重点开发什么资源？企业对外投资应该优先进入什么领域？在国别上应该如何布局？这些问题都在期待一个系统的解决方案，都需要深入的研究谋划。同时，双方农业合作政策对接和信息沟通有必要进一步加强，域内 11 个国家都有各自的发展战略和农业农村发展规划，在大战略、农业发展规划、行动计划、项目设计立项等层面，迫切需要建立更为务实高效的平台和渠道用于沟通对接，帮助双方协调农业领域开展更加便利的合作。同时，对于双方农业合作的方向和具体行动，需要相关部门开展更有针对性的研究。

二是资源整合欠缺。中国与东盟农业合作项目虽然数量多、领域广，但项目资金来源较为分散，单项投资力度小，规模效应不甚理想，这可部分归因于中央政府部门间协调不足和中央与地方协调不足。[②] 譬如，中国农业农村部、商务部、科技部，以及广西、云南、海南等省区都有相应对东盟开展农业合作的项目和资源，有些项目针对的国别以及主要内容也多有相似，难免造成一定程度上的重复和资源浪费。同时，在开展合作过程中，中国与东盟国家间的资源整合也不理想，统一的规划和计划较少。譬如，农业人才交流合作是中国—东盟农业合作的重点之一，每年都有大批东盟国家人员来华参加农业领域的研修和培训，但有的人员在培训结束后并未能参与到中国—东盟农业合作项目中，而参与项目的人员又不一定有机会来华培训，同样造成资源的浪费。此外，政府部门开展的农业合作和发展援助项目尚未与企业形成有效互动，一定程度上影响双方农业合作的

① 全毅、尹竹：《中国—东盟区域、次区域合作机制与合作模式创新》，《东南亚研究》2017年第 6 期，第 29 页。
② 李斐：《中国—东盟农业合作提升战略》，《国际经济合作》2016 年第 10 期，第 35 页。

可持续发展。以上问题亟待各方加强沟通协作和资源整合，形成合力做出成效。

三是政府服务欠缺。在推动企业开展农业对外投资合作过程中，政府给予企业的支持和服务还有待提升，这重点体现在政策保障、信息服务和金融支持上。一方面，目前农业对外投资合作在立法层面尚未形成专门性法律，仅依靠政策性文件的效力保护农业"走出去"企业的合法权益，略显力度不足。另一方面，在农业开展对外合作领域部门分割、多头管理与监管薄弱并存的体制性矛盾还未根本消除①的大背景下，农业对外合作部际联席会议制度的功能和作用还应有更大程度的发挥，在行政审批制度改革、税收优惠政策调整等方面还可深入研究，为企业提供更多服务。此外，农业企业开展对外投资合作普遍面临融资瓶颈，从政府层面协调有关资源，为农业企业提供金融支持和服务的力度还十分有限。

（三）微观层面能力不足

一是人才储备不足。开展农业对外合作需要的是懂农业、会语言、知规则的高端人才。不可否认的是，这类人才在全产业范围都处于储备不足的状态，而由于"做农业"还尚未成为一种令人羡慕的职业，能够吸引到的高端人才更是少之又少。特别是在一些中小型农业企业，从事经营和决策的高中级管理人员中，接受过系统教育和培训的相对较少，其经营管理理念、市场意识很难达到开展农业对外合作的要求。② 当前，中国开展对东盟农业合作主要还是采取"项目管理人员＋农技人员＋翻译"的初级人才配套模式，每完成一个简单活动需要三倍的人力来支撑，成本高、效率低、效果弱，很大程度上限制了双方合作的水平和层次。但同样也要考虑的是，人才培养是一项需要持久投入的系统性工程，农业企业很难长期承担这一成本，存在没有合适人才也很难培养人才的困境，需要政府和企业共同努力，共同加大专业人才培养力度，提升双边农业合作整体水平和行业竞争力。

---

① 郭昕：《构建新时期农业"走出去"支持政策体系》，《国际经济合作》2018 年第 1 期，第 58 页。

② 王武声：《农业企业"走出去"难点及对策》，《金融时报》2015 年 9 月 28 日，第 11 版。

二是抗风险能力不足。在东盟区域开展农业合作，由于产业和地域的特殊性，对企业提出的要求十分严格。企业到境外开展农业投资的风险本就大于其他产业，同时还要面临不同制度、文化、法律的多重考验，加之宗教极端主义、恐怖主义和民粹主义思潮在东盟地区蔓延，给东盟成员国社会稳定带来的严重威胁，① 造成企业在东盟地区开展农业投资合作的风险构成较为复杂。考虑到当前在东盟投资的农业企业数量虽多，但体量小，且多采用单一置地投资，② 这种"单打独斗"式的发展模式在应对各类风险时更加敏感和脆弱。此外，当前中国农业境外投资的相关保险尚不健全，范围小、险种少，帮助企业规避境外投资风险的作用还十分有限。例如，中国出口信用保险公司作为国家政策性保险机构，可向"走出去"企业提供出口信用保险和海外投资保险两类保障产品，③ 但由于农业投资的保费高，理赔范围窄，实际投保率普遍较低。④

三是融资水平不足。中国在东盟农业投资的企业往往规模不大，缺乏农业对外投资必需的资金优势，大多数企业并不具备独立开展农业对外投资活动的实力。而农业对外投资活动具有生产周期长、资金占用久、规模小以及风险难以控制等复杂特征，当前金融机构支持农业"走出去"仍以政策性金融支持为主，主要包括以进出口银行为主体的银行类金融机构和以中国海外农业投资开发基金为代表的基金类金融机构等。⑤ 普通国内银行出于银行贷款资金安全的考量，往往不愿从贷款上支持在境外进行农业投资的企业，真正获得银行资金支持的对外投资农业企业少之又少。而中国的农业企业对国际投资的融资方式尚不熟悉，缺乏国际投资经验，也不具备境外融资能力，不易得到目标国金融机构的信贷支持。

① 徐步：《中国—东盟合作：机制、成果与前景》，《亚太安全与海洋研究》2017年第3期，第16页。

② 李群：《农业对外投资政治风险的防范》，《安徽农业科学》2012年第9期，第5665页。

③ 木梓：《政策性信用保险支持农业"走出去"》，《进出口经理人》2015年第5期，第78页。

④ 赵帅：《浅谈我国农产品出口信用保险》，《现代经济信息》2017年第7期，第153页。

⑤ 参见张晨、楼一平《中国农业"走出去"的金融服务支持与金融工具选择》，《世界农业》2018年第4期，第164—165页。

四 深化中国—东盟农业合作建议

（一）加强统筹，促进中国—东盟农业发展战略有效衔接

一是战略层面统筹。建议中国与东盟各国农业主管部门以 2017 年签署的《10＋3 领导人关于粮食安全合作的声明》和 2018 年签署的《中国与东盟各国关于食品与农业合作的谅解备忘录》为基础，推动《愿景与行动》、《东盟 2025：携手前行》愿景文件、《中国—东盟战略伙伴关系 2030 年愿景》的深入对接，在战略层面进一步凝聚发展共识，寻找各方利益契合点和合作增长点。

二是规划层面统筹。以《"一带一路"建设农业合作愿景与行动》等农业对外合作文件为引领，明确中国—东盟农业合作的重点国别，由农业主管部门牵头，会同相关部委及地方农业主管部门统筹制订中国—东盟农业合作规划和中国同重点东盟国家农业合作规划。与此同时，同步推进中国《乡村振兴战略规划（2018—2022 年）》同东盟各国农业领域五年发展规划的衔接和耦合。

三是项目层面统筹。推动农业对外合作机制办公室牵头相关部门进一步完善对中国—东盟农业合作重点国别、重点领域的具体项目设计，这些领域包括粮食生产合作、农村能源建设、跨境动物疾病防控、农村发展与减贫、农业合作信息平台建设等。以境外农业合作示范区为样板，整合优势资源打造一批成规模、有实效的好项目。

（二）加强研究，提升中国—东盟农业合作针对性

一是研究合作区域布局。从东盟各国经济发展水平和农业产业在各国国民经济中的地位和比重入手，结合东盟各国与中国开展农业合作项目的情况和中国企业"走出去"的情况，提出同东盟各国开展农业合作的优先领域和细分领域，分类布局东盟农业合作重点。例如针对越、老、缅、柬等农业传统国家，双边合作项目已经广泛开展，宜着重在提高质效上下功夫；针对泰、马、印尼、菲等区域经济大国，农产品贸易等领域合作潜力巨大，有待进一步挖掘；针对新、文等农业体量较小的国家，重点应考虑

在发展经验互鉴和产业园区建设上寻找合作点。将这些研究成果作为政府农业合作项目立项和指导企业对东盟开展农业投资合作的重要依据，有助于减小合作的盲目性和随意性。

二是研究合作机制。高度重视以东盟为核心的各层面农业国际合作机制建设情况和最新进展，系统梳理各个机制发展历程和主要目标任务，以及在机制框架下开展农业合作的情况，这其中也包括不含中国在内的其他国家同东盟开展农业合作的机制。通过系统的研究评价，把握中国—东盟农业合作机制建设重点，确定中国与东盟开展农业合作的核心平台，在此基础上注重借鉴先进经验，集中优势资源供给核心平台运转，打造中国—东盟农业合作的"旗舰机制"。

三是研究风险防范。加强对中国—东盟农业合作的风险识别和风险评价等系统研究工作，包括以目标国政局变动、农业产业保护政策等为代表的政治风险，以金融危机、融资困境和目标国农业政策约束为代表的经济风险，以农业技术、人才、劳动力为代表的人力资源风险，以及不可抗力等自然风险。此外，还应高度重视农业合作项目立项前可行性研究和风险防控方案制定等方面工作，减少决策失误导致的合作项目"流产"。

（三）加强协作，推进中国—东盟农业合作"一盘棋"

一是中央—地方协作。进一步发挥广西、云南、海南等省（区）同东盟国家开展农业合作的比较优势，除利用各类机制搭建平台提供宣介、展示渠道外，建议推动相关政策、资源向这些省（区）适度倾斜，并探索在确保国家安全的基础上，适度增加地方相关省份的对外事务授权，以提高地方政府的积极性，激发合作活力。同时，建议考虑把一些资源禀赋良好、外向发展意愿强烈的内陆省份纳入在东盟及澜湄区域开展农业合作项目的范围，推动内陆省份参与同东盟的农业合作。[①]

二是政府—学界协作。研究设立中国—东盟农业合作专家库，邀请国内外高校及科研院所从事东盟农业研究、中国—东盟农业合作研究的专家、学者、官员入库，通过研讨座谈等平台加强信息沟通。同时，建议政

---

① 陈前恒：《关于中国—东盟农业合作状况的调研》，《东南亚纵横》2009年第2期，第59页。

府部门鼓励并积极参与相关领域的一轨半及二轨对话，及时掌握中国与东盟农业合作的学术前沿动态。

三是相关机构间协作。建议由农业主管部门牵头，在农业对外合作部际联席会议机制基础上增加与业务相关机构的定期沟通联络，完善信息，优化决策。这些机构包括：中国农业大学、中国农业科学院、广西大学中国—东盟研究院等科研院所，以及中国—东盟中心、中国—东盟农资商会、中国—东盟技术转移中心等专业机构。

（四）加强创新，增强中国—东盟农业合作发展的内生动力

一是政策创新。积极开展调查研究，尽快构建符合开展农业对外合作要求的财政、金融、保险、产业等领域支持政策体系。特别是针对农业对外投资，建议进一步加强对农业企业的政策扶持力度，如建立鼓励农业企业到东盟等重点区域、国别投资的税收优惠政策，以及农业企业境外投资所需重要农资的出口税收优惠和通关便利化政策措施等，不断降低企业"走出去"的难度，提高成功率。

二是模式创新。一方面继续鼓励双方共建农业产业园区，发挥各自优势，推进以农业科技创新为引领的农业全产业链拓展，提升农业合作的内生动力和含金量。同时，进一步丰富现有境外农业合作园区的内涵，建成集科研、信息、示范、培训、加工、物流、观光为一体的综合大型园区，打造中国—东盟农业合作旗舰项目。另一方面，借鉴在深圳盐田港建设中国首家"'16＋1'农产品电商物流中心和展示馆"推动中国—中东欧农业经贸合作①的成功案例，探索论证建立中国—东盟农产品流通电商贸易港口项目的可行性，待条件相对成熟后积极协调资金予以支持。

三是服务创新。建议政府部门进一步挖掘中国—东盟各类农业机制资源，为双方企业提供对外宣介、展示和项目合作的平台，譬如借力中国—东盟博览会，助推双向经贸投资合作。继续完善企业对外投资合作信息服务系统，搭建权威、高效、统一的农业对外投资信息发布平台，帮助企业及时了解掌握中国—东盟农业发展动态，提高贸易投资决策水平。此外，

---

① 《中东欧农产品电商物流中心落户深圳盐田港》，新华网，2018 年 11 月 9 日，http：//www.gd.xinhuanet.com/newscenter/2018－11/09/c_1123691813.htm，登录时间：2018 年 12 月 6 日。

大力支持行业组织、金融机构和咨询机构加强合作，加快发展农业对外投资中介行业，鼓励中介机构"走出去"，提升会计、法律等专业服务水平和企业抵御境外风险能力，进一步提高投资效率。

五　结语

2003 年战略伙伴关系建立以来，中国与东盟的农业合作迅猛发展，政策对话、科技交流、农产品贸易、对外投资四大领域成绩突出，境外产业园区作为双方农业合作新模式方兴未艾，良好的合作成效得到中国与东盟各国的认可和赞誉。2018 年，随着"一带一路"倡议提出 5 周年，中国—东盟持续深化农业合作已成共识，未来发展具备诸多优势并充满机遇。与此同时，双边农业合作发展进程中仍面临宏观、中观、微观等诸多层面的挑战和问题，需要各方高度重视，加以防范、妥善解决。笔者认为，2018 年将成为中国—东盟农业合作换挡升级的重要节点。在下一阶段，建议双方在统筹对接农业发展战略、研究提升合作针对性、协作推进合作"一盘棋"、创新增强合作内生动力等 4 个维度重点谋划、积极施策，助力中国—东盟农业合作向更高水平迈进，服务中国—东盟命运共同体的构建。

Present Situation, Problems and Policy Suggestions of China-ASEAN Agricultural Cooperation: Retrospect and Prospect

Guo Xin

Abstract　In October 2018, *the Memorandum of Understanding on Food and Agriculture Cooperation between China and ASEAN Countries* was successfully renewed, opening a new chapter for China-ASEAN agricultural cooperation. Besides, the year of 2018 coincides with the 40th anniversary of China's Reform and Opening Up, the 5th anniversary of the "Belt and Road" initiative, the first year of China's implementation of the rural revitalization strategy, and the 15th anniversary of China-ASEAN's strategic partnership. At this special historical node, agricultural cooperation between the two sides has received more attention worldwide and a rare opportunity for upgrades. Based on reviewing the current situation of China-ASEAN agricultural cooperation, this paper tries to analyze some problems of agricultural cooperation between the two sides and propose policy recommendations accordingly.

Key Words China-ASEAN; Agriculture; Cooperation

Author Guo Xin, Foreign Economic Cooperation Center, Ministry of Agriculture and Rural Affairs, Economist.

国际金融与贸易

International Finance and Trade

人民币国际化对贸易依赖的效应考察

常雅丽　李正　李雄师

【摘要】 当今货币国际化离不开贸易的支撑，人民币国际化进程中贸易的作用如何？本文从人民币国际化溢出效应入手，采用面板向量自回归模型，在货币国际化溢出渠道的基础上，分析了人民币、美元、欧元、英镑、日元、瑞士法郎的国际化溢出效应。结果显示，人民币在这一阶段对贸易的依赖情况符合假设，其溢出效应基本符合预期，未来的国际化进程应从加强与对象国的贸易往来入手。

【关键词】 货币国际化　贸易依赖　溢出效应

【项目基金】 广西大学中国—东盟研究院开放性课题招标项目"人民币走进东盟的区域溢出效应分析"（CW201423）；教育部长江学者和创新团队发展计划"中国—东盟区域发展"研究创新团队项目。

【作者简介】 常雅丽，广西大学国际学院/中国—东盟研究院，讲师，博士，硕士生导师；李正，广西大学国际学院，硕士研究生；李雄师，广西大学商学院，博士研究生。

自 2009 年提出人民币国际化以来，我国不断推进人民币国际化进程，在经济增长、金融市场完善、海外金融市场发展、边贸扩大等方面实现了重大进步。2016 年 10 月，人民币正式加入了国际货币基金组织的 SDR（特别提款权篮子），这是人民币国际化历史上的标志性进展，也肯定了人民币的国际地位。根据历史经验，货币国际化的主要考量依据即作为贸易结算货币的该国际货币的使用情况，人民币也不例外。一直以来，困扰人民币国际化的一个重要原因就是作为结算货币的人民币使用受阻。在其他国际货币的惯性影响下，人民币作为国际货币的进展还会存在较长的发展期。作为一个贸易大国，人民币国际化对中国双边贸易的依赖程度是怎样的？贸易依赖是否促成了人民币国际化的相关效应？这是本文着重解决的两个问题。

一 文献综述

"一带一路"倡议的提出对中国和沿线国家之间的经贸投资联系具有较强的推动作用，与中国签订双边互换协议的国家也有所增加，且随着实体经济间联系的紧密度加强，金融服务水平不断提高，程度不断加深。在此阶段，人民币在全球范围的影响力不断加强，人民币国际化程度也在不断加深。林乐芬和王少楠[1]就提出，可以以对外直接投资与贸易为入手点，带动双方经济互动效应，再在我国资本项目有序开放的基础上推进人民币的国际化。韩玉军和王丽[2]的研究也认为，"一带一路"建设推动了人民币国际化，双方金融合作、跨境贸易结算和投资、人民币离岸市场建设和跨境流动渠道拓展可作为主要推动方式。

再观人民币与贸易的关系，研究者多是从人民币汇率波动与贸易的关系出发展开研究。张云等[3]采用非对称的自回归分布滞后模型检验了人民币在单向升值和出现贬值后对我国贸易的影响，其结果显示，人民币对美元贬值可能会出现改善美国贸易收支的情况，且我国倾向于采用进口替代支持国内生产，双边经贸关系受经济发展水平影响较大。从加工贸易和一般贸易的角度出发，王雅琦等[4]、何国华和胡子润[5]、宋超和谢一青[6]均在区分了加工贸易和一般贸易的基础上，或采

① 林乐芬、王少楠：《"一带一路"建设与人民币国际化》，《世界经济与政治》2015 年第 11 期，第 72—90、158 页。
② 韩玉军、王丽：《"一带一路"推动人民币国际化进程》，《国际贸易》2015 年第 6 期，第 42—27 页。
③ 张云、李秀珍、唐海燕：《人民币贬值和升值的贸易效应一致吗：基于 ARDL 误差校正方法的检验与比较》，《世界经济研究》2017 年第 1 期，第 52—64、136 页。
④ 王雅琦、谭小芬、张金慧、卢冰：《人民币汇率、贸易方式与产品质量》，《金融研究》2018 年第 3 期，第 71—88 页。
⑤ 何国华、胡子润：《人民币汇率波动与中国出口贸易关系的实证分析》，《统计与决策》2018 年第 6 期，第 166—168 页。
⑥ 宋超、谢一青：《人民币汇率对中国企业出口的影响：加工贸易与一般贸易》，《世界经济》2017 年第 4 期，第 78—102 页。

用细化的微观企业数据研究，或采用贸易结构数据，发现了人民币对我国出口的影响：王雅琦等研究者发现人民币升值有助于高质量产品进入出口渠道；何国华等研究者发现人民币汇率对出口具有单向影响路径；宋超等人发现加工贸易企业在人民币汇率波动较大的情况下，会相应地调整出口价格，一般贸易企业则会调整出口数量。这些研究均是对出口品的数量和价格展开考察。余森杰和崔晓敏[1]则从加工出口的国内附加值出发，认为人民币贬值会导致国内附加值增加，且加工贸易企业的附加值会有所提高。从货物贸易和服务贸易的角度出发，邓富华和霍伟东[2]认为，自由贸易协定对于中国市场的确具有较好的弥补作用，且对人民币国际化的推进可产生有利影响。那么上述研究中呈现出的人民币与贸易关系不协调的根源在哪里呢？王晓雷和刘昊虹[3]的研究表明，人民币国际化进程中的贸易结算功能滞后导致贸易收支与外汇储备、人民币国际化进程与外汇储备之间的不协调。这一问题当前仍然存在。马静和冼国明[4]认为，从贸易角度推进人民币国际化是一个长期的稳定的过程，可从贸易规模、结构、模式和风险等角度考虑其对人民币国际化的推动作用，这为这一问题的解决提供了思路。此外，空间和区域效应是人民币国际化应考虑的另一个方面。曹伟等[5]和郑平[6]运用空间面板模型，分别从邻国效应及邻国效应与中心效应的角度考察人民币汇率变动与双边贸易的关系，前者的研究结果表明汇率变动对贸易的影响要小于邻国效应，因此贸易结构调整和避免贸易摩擦是未来的可行之策，后者的研究成果表明，除邻国效应较强外，中心效应多数表现为溢出，少数表现为挤出，因此区别化贸易政策有

---

[1] 余森杰、崔晓敏：《人民币汇率和加工出口的国内附加值：理论及实证研究》，《经济学》（季刊）2018年第3期，第1207—1234页。

[2] 邓富华、霍伟东：《自由贸易协定、制度环境与跨境贸易人民币结算》，《中国工业经济》2017年第5期，第75—93页。

[3] 王晓雷、刘昊虹：《论贸易收支、外汇储备与人民币国际化的协调和均衡发展》，《世界经济研究》2012年第11期，第29—37、88页。

[4] 马静、冼国明：《外贸发展推动下的人民币国际化》，《南开学报》（哲学社会科学版）2014年第2期，第136—141页。

[5] 曹伟、言方荣、鲍曙明：《人民币汇率变动、邻国效应与双边贸易——基于中国与"一带一路"沿线国家空间面板模型的实证研究》，《金融研究》2016年第9期，第50—66页。

[6] 郑平：《人民币汇率变动对"一带一路"沿线国家双边贸易的影响——基于空间视角的邻国效应与中心效应》，《国际贸易问题》2018年第5期，第130—144页。

利于区域内贸易的协调发展。汪晓文等[①]聚焦中亚，分析人民币区域化的贸易基础，认为贸易规模、贸易结构和直接投资对人民币中亚区域化具有正向影响。

从上述研究不难发现，当前关于人民币国际化与贸易间关系的研究集中在人民币汇率对不同贸易种类的影响、人民币汇率的空间效应和区域效应等问题上，对人民币对双边贸易的依赖程度则少有分析。尽管货币国际化的基础之一是双边贸易投资的扩大，但是对我国这样一个贸易大国而言，人民币国际化对贸易的依赖作用怎样？是否在贸易依赖的基础上产生了人民币国际化所应具有的相关效应？这是本文着重解决的问题。基于这一目标，本文的结构安排如下：第一部分文献综述，第二部分相关理论分析，第三部分理论模型建立，第四部分实证过程，第五部分结论。

二　相关理论分析

（一）效应渠道分析

国际货币在履行其职能时，通过多个渠道对其他国家和地区产生溢出效应。龚秀国[②]、丁一兵和钟阳[③]、陈学斌和李忠[④]、傅缨捷等[⑤]的研究指出，贸易、资产、汇率、利率、地缘和文化被认为是货币国际化产生溢出效应的主要渠道。由于国际货币主权国家在全球或区域具有较强的影响力，且其国际货币同样具有较强影响力，可以认为国际货币在产生溢出效应时是单向流出的，一般情况下其回流部分可以忽略不计。效应机制如图1所示。

① 汪晓文、宫文昌、张凯、陈丽婷：《人民币中亚区域化贸易基础的实证分析》，《兰州大学学报》（社会科学版）2018年第1期，第60—66页。
② 龚秀国：《后金融危机时代"美国因素"、美元汇率战略及其对华国际溢出效应分析》，《四川大学学报》（哲学社会科学版）2013年第2期，第121—131页。
③ 丁一兵、钟阳、赵宣凯：《日元国际化的直接影响因素及空间溢出效应——基于OTC交易量的空间面板模型研究》，《世界经济研究》2013年第2期，第22—26、87页。
④ 陈学斌、李忠：《货币国际化的全球经验与启示》，《财贸经济》2012年第2期，第45—51页。
⑤ 傅缨捷、丁一兵、王莹：《日元国际化困境的原因探析——双边贸易的直接影响与空间溢出效应》，《亚太经济》2014年第3期，第32—37页。

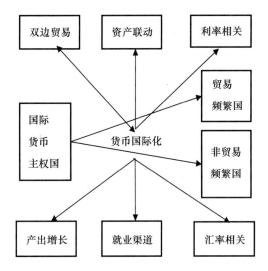

图 1　货币国际化效应机制分析

从图 1 可以看出，国际货币的溢出效应可通过六个渠道产生，具体来说：（1）贸易作为货币国际化基础的同时，贸易渠道在节约交易成本方面贡献较大。（2）资产渠道会对本国的经济、金融等社会部门产生一定的刺激作用，其中反映较为显著的应是金融市场，尤其是股市规模。（3）利率渠道，货币国际化进程中，国内外的货币需求量增加，对国内而言，流动性增大，国内利率下降，投资成本下降，收益率提高，引起国际热钱的流入，对国内的实体经济和金融部门产生冲击。（4）汇率的变动对国内的外资热钱产生影响，进而引发国内利率即投资成本的变化，与利率可发生联动。（5）产出渠道将使该国在国际贸易中主动作出平衡，最终影响自身和贸易伙伴国的经济产出。（6）就业渠道，货币国际化进程中，由于与其他国家的贸易和投资程度加深，会使得其他国家的经济、贸易、投资等水平都有一定程度的提升，进而增加其劳动力需求，带动其就业。

（二）基本假设

国际货币对贸易依赖的假设源于国际货币在贸易结算职能中的应用，这就会产生贸易频繁国和非贸易频繁国。基于此，可以假定国际货币对贸易频繁国的依赖强于对非贸易频繁国的依赖。① 这里的国际货币主要考察美元、欧元、英镑、日元，由于要考察人民币国际化，故再加入瑞士法郎。根据这些国际货币的历史进展和现实影响力，结合货币国际化指数，本文将其分为发展期和较成熟期两类。同时，根据前文的贸易频繁国和非贸易频繁国的区分，不同发展时期的国际化货币对于这两种类别的国家所产生的效应也有所不同，具体假设如表1所示。

表1　　　　　　　　国际化货币对贸易依赖效应的基本假设②

溢出渠道	发展期：人民币、瑞士法郎		较成熟期：美元、欧元、英镑、日元	
	贸易频繁国	非贸易频繁国	贸易频繁国	非贸易频繁国
产出	正向溢出	负向溢出	平稳或正向溢出	负向溢出
贸易	正向溢出	负向溢出	平稳或正向溢出	负向溢出
汇率	负向溢出	正向溢出	平稳或正向溢出	负向溢出
利率	负向溢出	正向溢出	平稳或正向溢出	负向溢出
就业	正向溢出	负向溢出	平稳或正向溢出	负向溢出
股市规模	正向溢出	负向溢出	平稳或正向溢出	负向溢出

根据表1，下面以人民币国际化阶段为例，解释假设中各个渠道效应的含义。

假设1：贸易频繁国在人民币国际化程度增强时，其贸易受到人民币国际化的影响为正向；非贸易频繁国在人民币国际化程度增强时，其贸易受到人民币国际化的影响为负向。

假设2：贸易频繁国在人民币国际化程度增强时，其国内经济增长受到人民币国际化的影响为正向；非贸易频繁国在人民币国际化程度增强时，其经济增长受到人民币国际化的影响为负向。

假设3：贸易频繁国在人民币国际化程度增强时，其汇率受到人民币

----

① 贸易频繁国是指与东道国贸易较为频繁的国家，非贸易频繁国是指与东道国贸易不频繁的国家。根据国际贸易与经济增长关系理论，可以认为经济较为发达的国家多为其他国家的贸易频繁国，经济较不发达的国家多为其他国家的非贸易频繁国。

② 尽管人民币已经于2016年10月1日正式加入了国际货币基金组织的特别提款权篮子，已经成为"名义上"的国际货币，但相较其他已经较为成熟的国际货币，人民币尚属"新进"，故这里仍将人民币国际化的发展阶段定位为发展期。

国际化的影响为负向；非贸易频繁国在人民币国际化程度增强时，其汇率受到人民币国际化的影响为正向。①

假设4：贸易频繁国在人民币国际化程度增强时，其利率受到人民币国际化的影响为负向；非贸易频繁国在人民币国际化程度增强时，其利率受到人民币国际化的影响为正向。②

假设5：贸易频繁国在人民币国际化程度增强时，其就业受到人民币国际化的影响为正向；非贸易频繁国在人民币国际化程度增强时，其就业受到人民币国际化的影响为负向。

假设6：贸易频繁国在人民币国际化程度增强时，其股市规模受到人民币国际化的影响为正向；非贸易频繁国在人民币国际化程度增强时，其股市规模受到人民币国际化的影响为负向。

三　理论模型建立

考察人民币国际化对贸易依赖的效应，主要是测度人民币国际化对全球、贸易频繁和非贸易频繁国造成的影响，③ 以观察人民币国际化程度的变化对其他国家的影响程度。其中对于全球国家的选择，本文参考了范祚军等④对于全球国家的研究方法，以总体样本作为全球国家，以发达国家作为贸易频繁国，以中等发达国家作为非贸易频繁国。由于本文中所涉及的国家数量较多，故采用面板向量自回归模型进行研究。

（一）基本模型

为了考察人民币国际化在全球范围内所产生的溢出效应，我们采用面

---

① 人民币国际化程度高，说明币值稳定，对于伙伴国来说，货币币值有贬值倾向，故对贸易频繁国来说汇率降低。

② 对贸易频繁国来说，与中国的贸易频繁，对其国内的经济增长有促进作用，在经济快速发展的时期，其投资成本相对较低，故对利率的影响为负向。

③ 对于贸易频繁国和非贸易频繁国的划分主要是基于中国的对外贸易对象和规模。同时，由于本文还对比考察了其他国际化货币的国际化溢出效应，故参考了其他国家的对外贸易对象和规模。结果得出，贸易频繁国多为发达国家，非贸易频繁国多为中等发达国家。故下文将按照这一依据进行国家的划分。

④ 范祚军、常雅丽、黄立群：《国际视野下最优储蓄率及其影响因素测度——基于索洛经济增长模型的研究》，《经济研究》2014年第9期，第20—31、33页。

板向量自回归模型（PVAR）来测度人民币国际化在全球范围内对其他国家主要经济指标所产生的溢出效应。关于 PVAR 模型的基本情况如下。

面板数据模型的基本设定：

$$Y_{it} = \alpha_i + X_{it}\beta_i + \mu_{it} \qquad (i = 1, 2, \cdots, N, t = 1, 2, \cdots, T)$$

对于面板数据模型，通常存在三种情况，即混合模型、个体效应模型和时间效应模型，分别为：

（1）$\alpha_i = \alpha_j, \beta_i = \beta_j$

（2）$\alpha_i \neq \alpha_j, \beta_i = \beta_j$

（3）$\alpha_i \neq \alpha_j, \beta_i \neq \beta_j$

面板向量自回归（PVAR）模型的基本形式如下：

$$Y_{it} = c_i + \sum_{i=1}^{P} A_i Y_{i,t-1} + B_i X_{it} + U_{it}$$

在上述模型建立的基础上，我们需要对相关模型和数据进行说明，并最终进行实证检验。结合本文的研究目标，主要研究人民币国际化在产出、贸易、汇率、利率、就业和股市规模等方面的溢出效应，故分别将这几个指标作为因变量，其他相关指标作为自变量进行模型模拟。各指标变量的选择和数据来源见下文。

（二）指标说明和数据来源

结合上文，我们确定了人民币国际化对贸易依赖效应的相关指标，具体如表 2 所示。

表 2　　　　　　　　　　　　　　　数据指标及含义

溢出渠道	指标	指标说明	数据来源
人均产出	ggdpcap	人均 GDP 增长	世界银行、国际货币基金组织网站
贸易	trade_ gdp	进出口总额与 GDP 的比值	世界银行、中国国家统计局网站
汇率	ex_ rate	各国货币兑美元汇率	Oanda. com
利率	in_ rate	实际利率	世界银行
就业	employ	工业就业人数与全部就业人数的比值	世界银行
股市规模	stock_ gdp	股市市值与 GDP 的比值	世界银行、WIND 资讯终端

续表

溢出渠道	指标	指标说明	数据来源
货币国际化指数	rmb、usd、eur、gbp、chf、jpy	人民币、美元、欧元、英镑、瑞士法郎、日元的国际化指数	计算所得

如表 2 所示，进入分析的变量 ggdpcap 为人均 GDP 增长率，表示 GDP 增长情况；ex_ rate 为实际有效汇率，表示汇率情况；in_ rate 为实际有效利率，表示国内利率和投资成本情况；trade_ gdp 为进出口总额与 GDP 的比值，表示对外贸易的情况；employ 为工业行业内的就业率，表示就业情况；stock_ gdp 为股市规模与 GDP 的比值，表示股市发展情况。

四 实证过程

下面的分析我们将按照全样本、贸易频繁国（发达国家）和非贸易频繁国（中等发达国家）的顺序来研究人民币国际化对贸易依赖的效应。①

样本选择与说明：数据年限为 1999—2017 年。贸易频繁国有 20 个样本被纳入分析，非贸易频繁国有 70 个样本被纳入分析。变量与前文中选择的一致。模型中变量数据经过面板数据的平稳性检验、滞后期数选择、格兰杰因果关系检验，再进行面板向量自回归模型分析。限于篇幅，这里给出非贸易频繁国变量的描述性统计量和滞后阶数选择结果，如表 3、表 4 所示。

表3　　　　　　　　　　**非贸易频繁国变量描述性统计量**②

Variable	Obs	Mean	Std. Dev.	Min	Max
ggdpcap	1330	7.0834	11.31016	−72.5785	93.9151
ex_ rate	1330	81.3705	44.0359	20.7225	325.863
in_ rate	1330	2.2427	5.704074	−62.2251	122.968

---

① 限于篇幅，本文只给出非贸易频繁国下的变量描述性统计量特征和模型滞后阶数选择结果，不再给出贸易频繁国相关数据指标。

② 发达国家样本描述性统计量不再一一给出，若有需要，可向作者索取。同时，模型中变量还涉及各国际货币的国际化程度指数，这里也不再给出其描述性统计量结果和后续检测结果，但均进行了前期检验。

Variable	Obs	Mean	Std. Dev.	Min	Max
trade_ gdp	1330	19. 52673	9. 05288	9. 05288	47. 595
employ	1330	17. 4311	31. 28761	. 000542	355. 42
stock_ gdp	1330	101. 771	88. 78763	46. 7717	2321. 55

从表3可以看出，总共有70个样本国家，19个连续时间年限被纳入分析。

所有的变量均通过了平稳性检验，下面观测其滞后阶数。

表4　　　　非贸易频繁国样本下不同模型中各变量的滞后阶数选择

Variable	RMB	USD	EUR	GBP	CHF	JPY
ggdpcap	2	4	5	5	3	1
ex_ rate	2	4	5	5	3	1
in_ rate	2	5	5	5	1	1
trade_ gdp	2	5	5	5	1	1
employ	2	4	5	5	3	1
stock_ gdp	2	4	5	5	3	1

根据前文分析，这里主要有经济产出渠道、贸易渠道、利率渠道、汇率渠道、就业渠道和股票市场渠道。为便于看出渠道效应的效果，本文将上述渠道按照相关性两两分组进行考察。考虑到人民币国际化程度相对较低，故本文将美元、英镑、日元、欧元、瑞士法郎和人民币对贸易依赖的各渠道溢出效应进行对比分析，并区分贸易频繁国和非贸易频繁国，以客观反映人民币国际化对贸易依赖的效应表现。

（一）人民币国际化对贸易频繁国的效应考察

在贸易频繁国样本下，共有20个国家被纳入分析。对数据和变量进行处理后进行面板向量自回归分析。各渠道效应结果如下：

1. 产出和贸易渠道

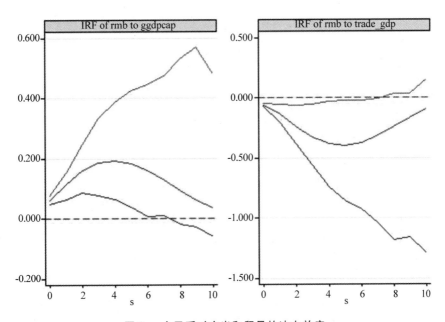

图2a　人民币对产出和贸易的冲击效应

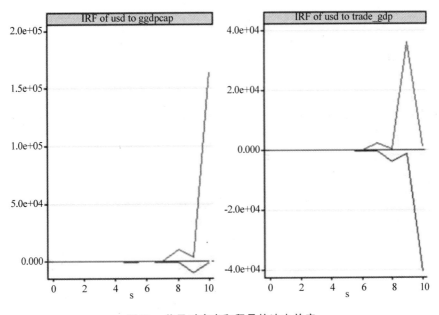

图2b　美元对产出和贸易的冲击效应

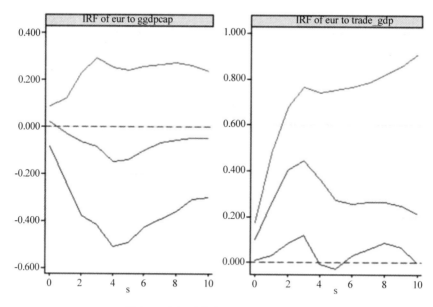

图 2c　欧元对产出和贸易的冲击效应

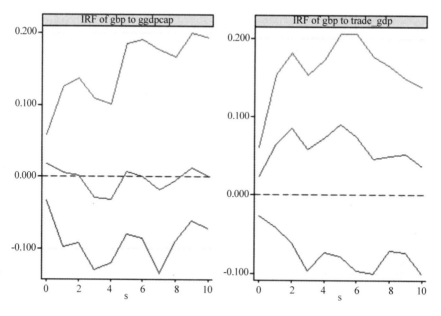

图 2d　英镑对产出和贸易的冲击效应

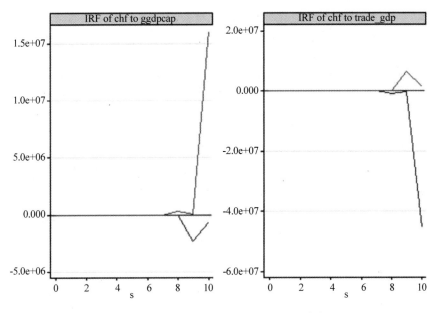

图2e 瑞士法郎对产出和贸易的冲击效应

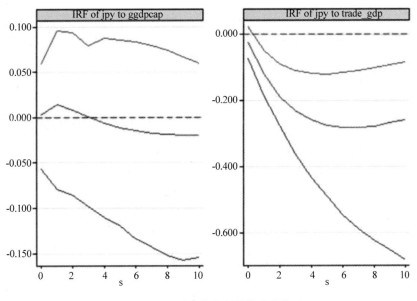

图2f 日元对产出和贸易的冲击效应

从图2a—图2f可以发现，在贸易频繁国的样本下，各国际化货币对经济增长和贸易的溢出效应在一定程度上与假设一致：美元和瑞士法郎对经济增长和贸易的溢出效应与假设一致，均为平稳溢出；欧元和英镑对经济增长和贸易的溢出效应与假设一致；日元对经济增长和贸易的溢出效应与假设稍有不同；人民币对经济增长的溢出效应与假设一致，对贸易的溢出效应与假设相反。

第一，人民币和日元国际化程度对贸易频繁国的经济增长和贸易的溢出效应呈现出一定的一致性。人民币国际化对贸易频繁国的经济增长呈现出正向的冲击效应，这一效应在第4期时达到最大，随后慢慢减小；日元国际化对贸易频繁国的经济增长溢出效应从正变为负，第4期为转变点，之后产生的均为负向溢出效应。人民币和日元国际化均对贸易频繁国的贸易产生负向的溢出效应，且人民币国际化产生的效应稍大于日元国际化。

第二，欧元和英镑国际化程度对贸易频繁国的经济增长主要呈现负向溢出，对贸易频繁国的贸易呈现正向溢出。从纵坐标数值来看，英镑国际化产生的影响要大于欧元国际化产生的影响。

2. 利率汇率渠道

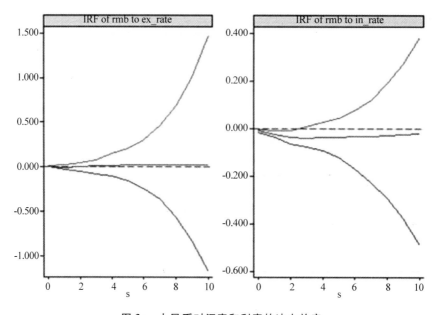

图3a　人民币对汇率和利率的冲击效应

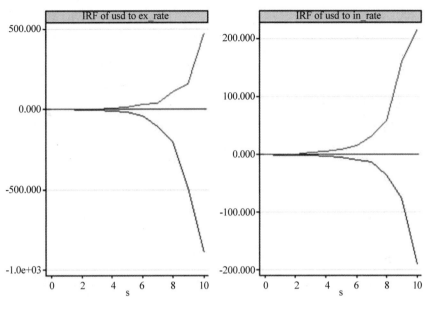

图 3b　美元对汇率和利率的冲击效应

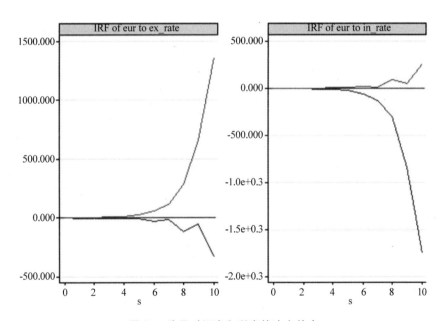

图 3c　欧元对汇率和利率的冲击效应

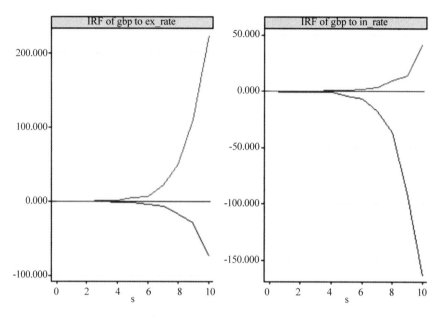

图 3d 英镑对汇率和利率的冲击效应

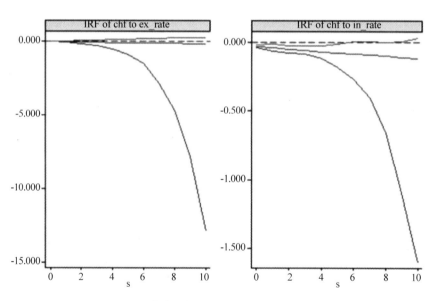

图 3e 瑞士法郎对汇率和利率的冲击效应

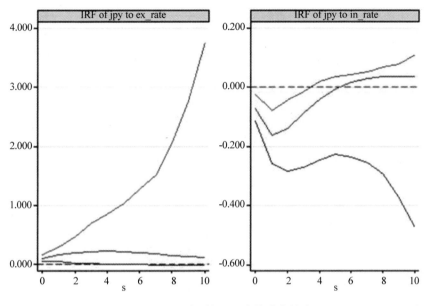

图 3f　日元对汇率和利率的冲击效应

由图 3a—图 3f 可知，美元、欧元和英镑国际化对贸易频繁国的利率和汇率在第 4 期以前基本不产生影响，可以认为它们对利率和汇率产生了较为平稳的影响；人民币和瑞士法郎国际化程度对贸易频繁国的利率和汇率产生了相似的影响，与预期基本一致；日元国际化程度对贸易频繁国的汇率产生了和预期一致的影响，对利率产生了和预期不一致的影响结果。

第一，人民币国际化对贸易频繁国的汇率产生了微弱的正向溢出效应，对利率产生了一定的负向溢出效应。瑞士法郎对贸易频繁国的汇率产生了微弱的负向溢出效应，对利率产生了一定的负向溢出效应。相对来说，瑞士法郎对汇率的负向溢出效应要稍大于人民币对汇率的负向溢出效应。

第二，日元国际化对贸易频繁国的汇率呈现出显著的正向溢出效应，且这一效应在第 4 期时达到最大，随后缓慢下降；对利率先是产生显著的负向溢出效应，这一效应在第 2 期前达到最大，随后减小，在第 5 期左右转变为正向溢出效应。

3. 就业和股票市场渠道

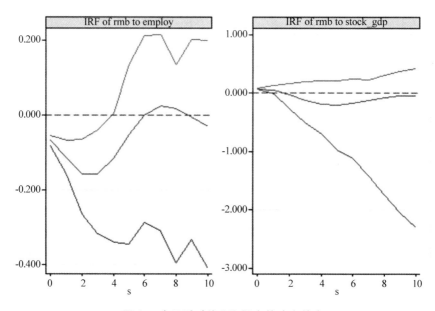

图 4a　人民币对就业和股市的冲击效应

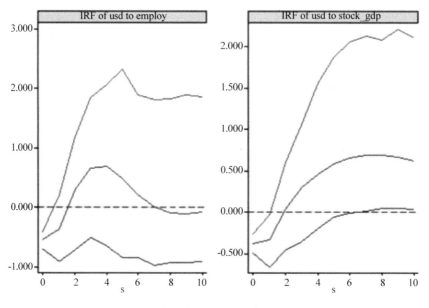

图 4b　美元对就业和股市的冲击效应

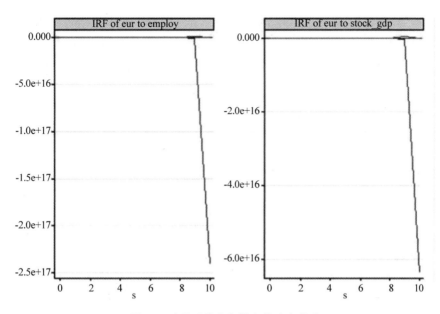

图 4c　欧元对就业和股市的冲击效应

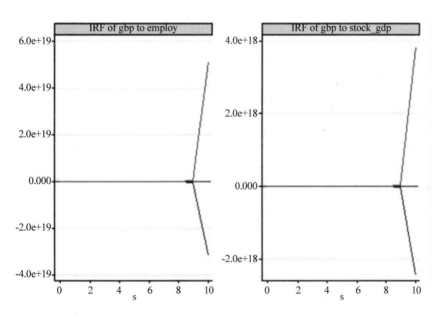

图 4d　英镑对就业和股市的冲击效应

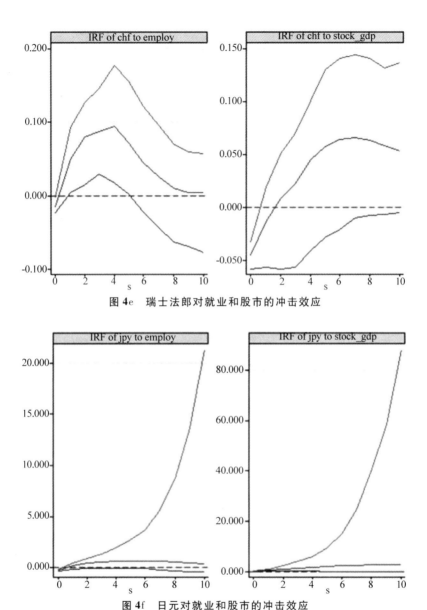

图 4e 瑞士法郎对就业和股市的冲击效应

图 4f 日元对就业和股市的冲击效应

从图 4a—图 4f 可以看出，瑞士法郎和日元国际化程度对就业和股市渠道的溢出效应与假设基本相符；美元国际化程度对就业和股市渠道的溢出效应与假设存在区别；人民币国际化程度对就业渠道的溢出效应与假设相反，对股市渠道的溢出效应与假设基本一致。

第一，人民币国际化程度对贸易频繁国的就业呈现出负向溢出效应，在第 6 期后转变为正向效应，说明人民币国际化程度对贸易频繁国的就业已经有了与假设效应一致的趋势；对股市先是呈现出正向溢出效应，随后在第 2 期转变为负向溢出效应，说明人民币国际化通过金融市场对贸易频繁国的溢出效应尚未定性。

第二，美元和瑞士法郎国际化程度对贸易频繁国的就业和股市均呈现出先是负向溢出效应，后转变为正向溢出效应。除瑞士法郎对就业的溢出效应方向转变发生在第 1 期之后外，瑞士法郎对股市、美元对就业和股市的溢出效应方向转变均发生在第 2 期之后。尽管我们在前文的假设中将瑞士法郎放在货币国际化的发展阶段，但在国际货币体系中，瑞士法郎已经属于较为成熟的国际货币，所以其在就业和股市溢出效应方面表现出与美元相似并无不合理之处。

出乎我们意料的是，欧元和英镑对就业和股市渠道均未呈现出明显的溢出效应，两者产生效应均在第 8 期之后，且效应不明显。

（二）人民币对非贸易频繁国的效应考察

本部分考察各类国际货币对非贸易频繁国主要经济指标的溢出效应。

1. 产出和贸易渠道

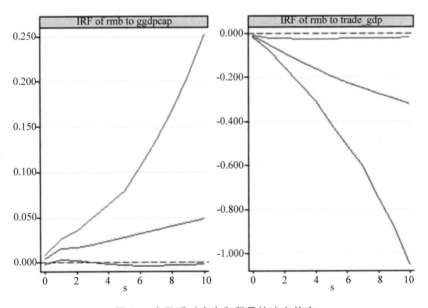

图 5a　人民币对产出和贸易的冲击效应

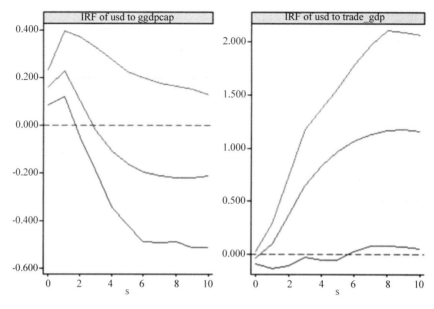

图5b　美元对产出和贸易的冲击效应

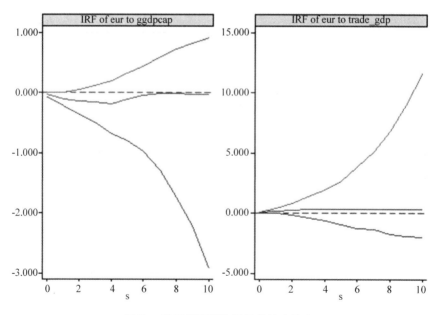

图5c　欧元对产出和贸易的冲击效应

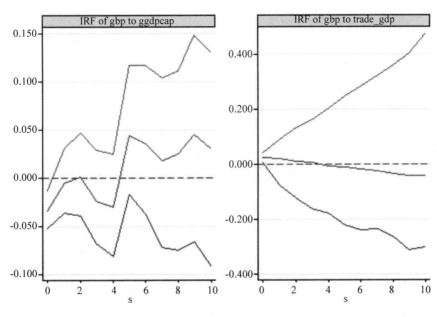

图5d 英镑对产出和贸易的冲击效应

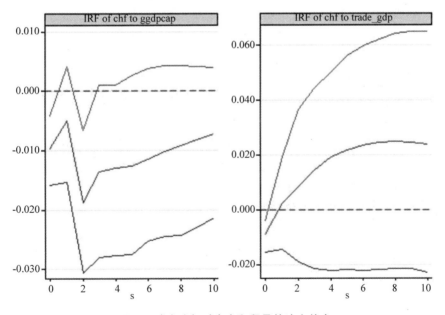

图5e 瑞士法郎对产出和贸易的冲击效应

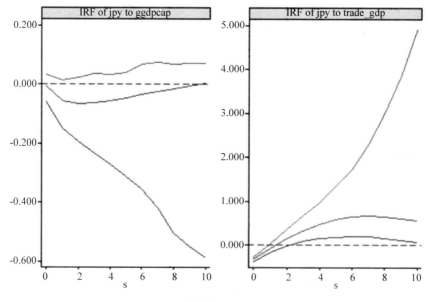

图 5f　日元对产出和贸易的冲击效应

从图 5a—图 5f 可以看出，美元、欧元、英镑、日元、瑞士法郎国际化程度对产出和贸易的溢出效应基本与假设一致；人民币国际化程度对产出的溢出效应与假设相反，对贸易的溢出效应与假设一致。

第一，美元国际化程度对非贸易频繁国产出先是呈现正向溢出效应，第 3 期之后呈现负向溢出效应，对贸易先是呈现负向溢出效应，很快便转变为正向溢出效应。英镑的表现基本与美元相反。

第二，欧元和日元呈现出一定的相似性，其对于非贸易频繁国的产出均为显著的负向溢出效应，符合假设；对于贸易均是首先呈现出一定的负向溢出效应，随后保持为正向溢出效应。

第三，瑞士法郎国际化程度对非贸易频繁国的产出和贸易的溢出效应与人民币国际化程度呈现出一定的反向特征，即人民币国际化对产出为显著的正向溢出，瑞士法郎则为负向溢出；人民币国际化对贸易表现为由正向溢出转变为负向溢出，瑞士法郎则表现为由负向溢出转变为正向溢出。

2. 利率汇率渠道

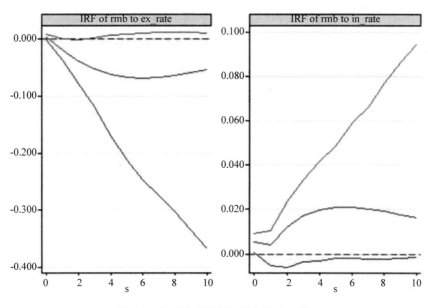

图6a　人民币对汇率和利率的冲击效应

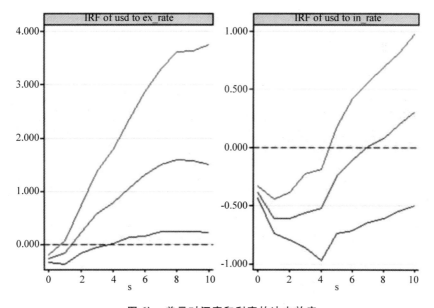

图6b　美元对汇率和利率的冲击效应

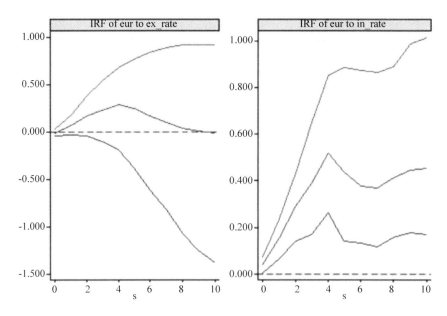

图 6c　欧元对汇率和利率的冲击效应

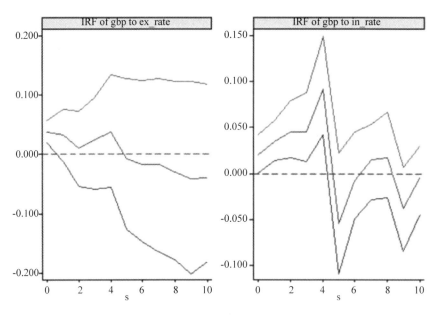

图 6d　英镑对汇率和利率的冲击效应

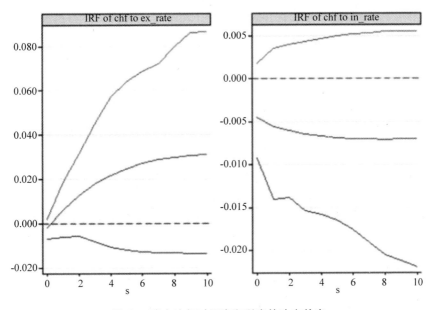

图 6e 瑞士法郎对汇率和利率的冲击效应

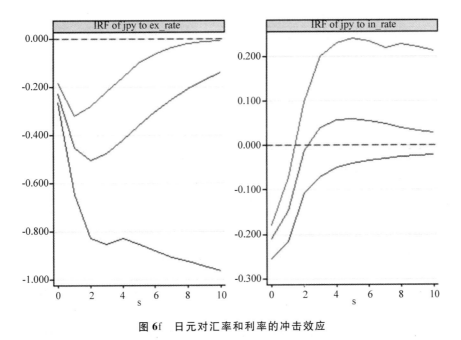

图 6f 日元对汇率和利率的冲击效应

从图 6a—图 6f 可以看出，美元和日元国际化程度对非贸易频繁国的汇率和利率的溢出效应基本符合假设；欧元和英镑的表现与假设相反；人民币和瑞士法郎国际化程度对非贸易频繁国的汇率和利率的溢出效应部分符合假设。

第一，美元和日元国际化程度对非贸易频繁国的利率的溢出效应均表现为由负向溢出转变为正向溢出，且美元的负向溢出效应维持期限更长一些，效应更大一些；汇率渠道方面，美元表现为由负向溢出快速转变为正向溢出，日元则保持为负向溢出，且效应最大为第 2 期左右。

第二，欧元和英镑国际化程度对非贸易频繁国的汇率和利率的溢出效应均主要表现为正向溢出，英镑国际化程度在第 5 期左右对非贸易频繁国的汇率和利率均表现出由正向溢出转变为负向溢出，且英镑的波动性要大于欧元。

第三，人民币国际化程度对非贸易频繁国的汇率溢出效应为负向溢出，利率渠道为正向溢出；瑞士法郎国际化程度对非贸易频繁国的汇率的溢出效应为正向溢出，利率渠道为负向溢出。

3. 就业和股票市场渠道

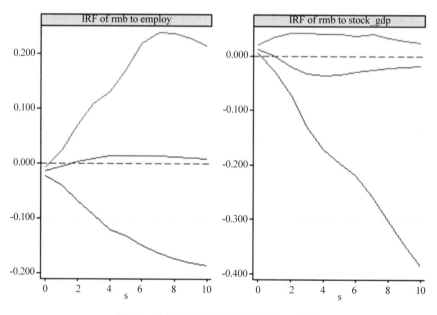

图 7a　人民币对就业和股市的冲击效应

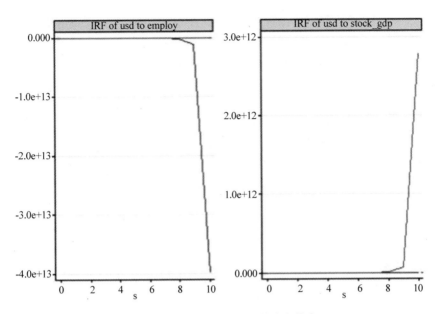

图7b　美元对就业和股市的冲击效应

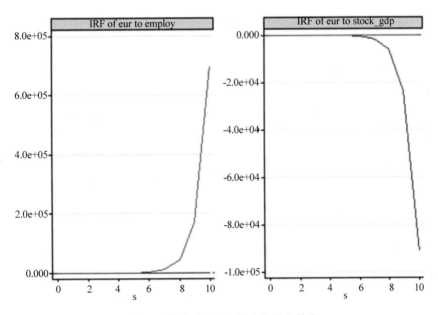

图7c　欧元对就业和股市的冲击效应

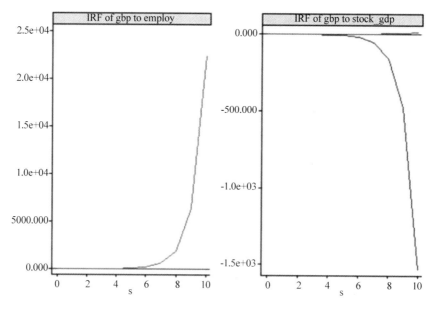

图 7d 英镑对就业和股市的冲击效应

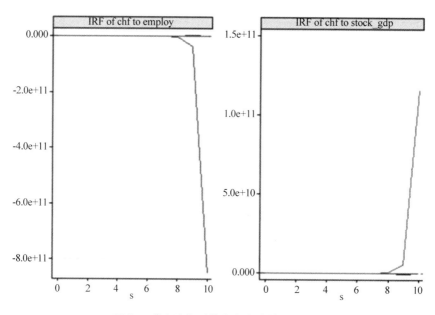

图 7e 瑞士法郎对就业和股市的冲击效应

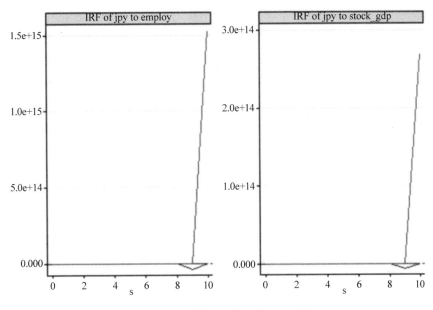

图 7f　日元对就业和股市的冲击效应

　　从图 7a—图 7f 可知，对非贸易频繁国的就业和股市渠道，除人民币外，其他国际货币均没有产生较大的溢出效应。人民币国际化程度对非贸易频繁国的就业和股市的溢出效应表现基本符合假设。其对就业的溢出效应为负向溢出转变为正向溢出，转变点发生在第 2 期；对股市的溢出效应为正向溢出转变为负向溢出，转变点发生在第 2 期。

　　为保证结论的可靠性，在稳定性检验部分，我们着重对人民币国际化程度所产生的溢出效应进行了时间跨度上的进一步检测，即采用在 1999—2014 年的数据考察其对各个渠道的溢出效应。结果显示，2015 年以前，在人民币国际化对贸易频繁国溢出效应中，对产出、就业和股市渠道的溢出效应与假设相反，对贸易、汇率和利率渠道的溢出效应与假设基本一致；在对非贸易频繁国的溢出效应中，对产出、贸易、就业和股市渠道的溢出效应与假设基本一致，对汇率和利率渠道的溢出效应与假设基本相反。

　　对比前文对 1999—2017 年相关数据的分析可见，在人民币国际化对贸易频繁国的溢出效应中，对产出、利率、汇率和股市的溢出效应与假设基本一致，对贸易和就业的溢出效应与假设相反；对非贸易频繁国的溢出效应中，对利率、就业和股市的溢出效应与假设基本一致，对产出、贸易和汇率的溢出效应与假设相反。

对比两组数据，差别主要体现在2015—2017年。2015年10月，国际货币基金组织宣布人民币将于2016年10月被纳入国际货币基金组织的特别提款权篮子。可以认为，在这一事件的影响下，国际社会对人民币的认可程度有了较大的提高，人民币国际化程度也有了一定的提高，使得这三年数据的加入改变了人民币国际化在相关渠道的溢出效应方向，如对非贸易频繁国的利率影响。这显示的是人民币在国际化进程中对一些宏观经济变量作用机制的完善过程。

五 结论

通过对上述国际化货币包括人民币对贸易频繁国和非贸易频繁国的溢出效应分析，我们整理出表5来反映各国际货币的国际化对贸易依赖的效应，对照前文中的假设，得出下面结论：

表5　　　　　　　　各国际货币国际化渠道溢出效应对比

		人民币	美元	欧元	英镑	日元	瑞士法郎
全样本数据	产出	负向	负向	正向	正向	负向	负向
	贸易	负向	正向	正向	正向	正向	负向
	汇率	负向转为正向	负向转为正向	正向	正向	负向	负向
	利率	负向	正向转为负向	正向	正向	负向	负向
	就业	负向	负向	正向	正向	负向转为正向	负向转为正向
	股市	负向	负向	正向	正向	波动平稳	负向
贸易频繁国样本	产出	正向	平稳	正向转为负向	波动平稳	平稳	正向转为负向
	贸易	负向	平稳	正向	正向	平稳	负向
	汇率	负向转为正向	平稳	平稳	平稳	负向	正向
	利率	负向	平稳	平稳	平稳	负向	正向转为负向

续表

		人民币	美元	欧元	英镑	日元	瑞士法郎
贸易频繁国样本	就业	负向转为正向	负向转为正向	平稳	平稳	负向转为正向	正向
	股市	正向转为负向	负向转为正向	平稳	平稳	负向转为正向	正向
非贸易频繁国样本	产出	正向	正向转为负向	负向转为正向	负向转为正向	负向	负向转为正向
	贸易	负向	负向转为正向	正向	正向转为负向	负向转为正向	负向转为正向
	汇率	正向转为负向	负向转为正向	正向	正向转为负向	负向转为正向	负向
	利率	正向	负向转为正向	正向	正向转为负向	负向	负向转为正向
	就业	负向转为正向	平稳	平稳	平稳	平稳	平稳
	股市	正向转为负向	平稳	平稳	平稳	平稳	平稳

第一，各国际货币对贸易频繁国和非贸易频繁国在六个渠道中的溢出效应具有最终的一致性，但又有细微不同，主要体现在三个方面：（1）以欧元和英镑为典型代表，其对贸易频繁国，除贸易渠道的溢出效应为正向外，其他五个渠道的最终效应均趋于平稳；其对非贸易频繁国，除产出渠道最终为正向，就业和股市渠道为平稳，欧元对汇率和利率的溢出效应为正向，英镑对汇率和利率的溢出效应则为正向转为负向。（2）以美元为例，其对贸易频繁国的产出、贸易、汇率和利率指标溢出效应较为平稳，但是对非贸易频繁国的这些溢出渠道的溢出效应均有不同；其对贸易频繁国的就业和股市的溢出效应均为负向转为正向，但对非贸易频繁国的就业和股市的溢出效应均为平稳。日元的情况则是，对于贸易频繁国的产出、贸易和利率的溢出效应最终为负向，对汇率、就业和股市则为正向；对非贸易频繁国的产出、贸易、利率的溢出效应最终为正向，对汇率为负向，对就业和股市则为平稳。（3）瑞士法郎对贸易频繁国和非贸易频繁国的产出、汇率和利率渠道的溢出效应方向相反，即对贸易频繁国的汇率为正向溢出，对非贸易频繁国的汇率为负向溢出。人民币对贸易频繁国和非贸易

频繁国的产出、贸易、就业和股市的溢出效应最终表现一致，对产出均为正向，对贸易均为负向，对就业均为负向转为正向，对股市均为正向转为负向；对贸易频繁国和非贸易频繁国的汇率、利率的溢出效应方向相反，对前者汇率为负向转正向，对后者汇率为正向转负向，对前者利率为负向，对后者利率为正向。

第二，整体上来看，欧元和英镑的国际化程度在对全球其他国家的溢出过程中，其产生的主要影响是正向溢出，但是在对贸易频繁国的汇率、利率、就业、股市渠道上，表现为平稳溢出，在对非贸易频繁国的就业和股市渠道上表现为平稳溢出。这说明欧元和英镑作为欧洲的两大国际化货币和全球第二和第四位的国际货币，其货币国际化程度对于不同发展程度的国家具有不同的影响，且其国际化程度对于贸易频繁国和非贸易频繁国的平稳溢出渠道是最多的。

第三，数值上来看，国际化程度越高的货币，对于全球其他国家、贸易频繁国和非贸易频繁国的各渠道的溢出效应也就越明显。这主要可以从其脉冲相应图的波动大小和纵坐标轴的数值上看出。很多情况下，我们注意到，美元对各个渠道的溢出效应都是最大的，有时欧元各个渠道的溢出效应也相当大。而人民币在三个样本数据和六个渠道中，其产生波动的系数在近三年内有较大提升（在1999—2014年数据结果中的波动系数明显小于1999—2017年的波动系数，且在后者波动系数中，人民币的波动范围大体上大于日元的波动范围）。这说明，当前人民币国际化发展时间相对较短，国际化程度相对不高，尽管其各个渠道的溢出效应已经开始展现，但在与其他老牌国际货币比较的过程中，可以看到其作用方式和作用效应均还未达到最优的状态。但可以肯定的是，人民币国际化对于全球、贸易频繁国和非贸易频繁国的各主要经济层面都产生了一定的溢出效应。可以预期，这一溢出效应将随着人民币国际化程度的加深逐步加大。

第四，货币国际化程度越高，越有利于其他国家经济发展的假设是不成立的。从美元和欧元的对比中我们可以发现，在多数情况下，美元和欧元在同一个模块内所产生的冲击效应方向是不同的。这主要是因为美元和欧元本身就是国际上公认的两种实力最强的国际货币，两者之间是存在竞争关系的，这种竞争关系导致这两种国际货币在对其他国家经济增长与发展方面的作用不甚相同甚至相反。这也说明，货币国际化对于其他国家所产生的溢出效应不能单纯地从经济层面去衡量，还需要考虑国际货币主权国家和其他国家之间的双边关系和贸易联系等内容。另外，国际化货币最终会产生何种方向的溢出效应还要视当时的社会经济环境和国际关系状况而定。

第五，就人民币的结果来说，其最终结论和假设存在部分一致性。对于贸易频繁国，产出、汇率、利率和股市四个渠道的假设是基本成立的，贸易和就业的假设不成立；对于非贸易频繁国，利率、就业和股市渠道的假设成立，其他渠道的假设不成立。整体来看，人民币国际化没有给其他国家带来显著的不良影响。

因此，人民币国际化程度尽管相比前些年已经有了一定程度的提高，并且在渠道效应方面也已经有了一定的优化，但是在国际化程度和溢出效应作用方式上还有待进一步发展。结合上述假设和结论，我们认为人民币国际化可以从稳定人民币币值和扩大人民币与国际上其他国家之间的贸易规模出发，稳固人民币在发达国家和贸易频繁国之间的功能效用，增加人民币在中等发达国家的影响作用。同时，国内应进一步做好汇率市场化和利率市场化的充分准备，有序开放资本市场，在保证国内经济金融局势稳定的前提下，进一步推动人民币国际化。

The Effect of Renminbi Internationalization on Trade Dependence

Chang Yali   Li Zheng   Li Xiongshi

Abstract   Today's currency internationalization cannot be separated from the support of trade. What is the role of trade in the process of RMB internationalization? Starting from the spillover effect of RMB internationalization, this article analyzes the spillover effects of RMB, US dollar, Euro, pound sterling, yen and Swiss franc on the basis of the Panel Vector Auto regression model. The conclusion of the dependence of RMB on trade at current stage is consistent with assumptions, and its spillover effect is basically in line with expectations. The future internationalization process should start with the strengthening of trade exchanges with target countries.

Key Words   Currency Internationalization; Trade Dependence; Spillover Effect

Authors   Chang Yali, Lecturer, Ph. D. , Master Tutor, International College of Guangxi University/China-ASEAN Research Institute; Li Zheng, Postgraduate student, International College of Guangxi University; Li Xiongshi, corresponding author, Ph. D. candidate, Business College of Guangxi University.

影响东盟服务贸易发展的主要因素分析

——基于巴拉萨模型的实证研究

袁群华

【摘要】本文在回顾东盟服务贸易自由化和服务贸易发展影响因素研究的基础上，统计性描述了东盟服务贸易整体情况、服务贸易行业结构、服务贸易的国别结构（目的地）和各成员国服务贸易进口开放度，然后采用拓展后的巴拉萨模型实证研究了东盟服务贸易与主要影响因素之间的关系，结论为东盟服务贸易与货物贸易、人均生产总值和生产总值之间具有较强的正向关系，且货物贸易的影响最大。最后在结论的基础上提出了相应的对策建议。

【关键词】东盟　服务贸易　影响因素　巴拉萨模型

【基金项目】广东省科技厅软科学课题"人力资本、产业分工对区域经济发展的影响和作用机理研究——基于珠三角的实践"（2016A070705057）和广东外语外贸大学校级课题"东盟区域经济一体化与经济增长的关系研究：1996—2014"（16QN25）。

【作者简介】袁群华，广东外语外贸大学经济贸易学院，助理研究员。

1995 年正式生效的《服务贸易总协定》（General Agreement on Trade in Services，简称"GATS"）推动了世界服务贸易的发展，东盟也受益其中。占东盟服务贸易主体地位的仍然是东盟与区域外国家和地区的服务贸易。而东盟区域内服务贸易合作正式得到推动始于 1995 年 12 月签订的《东盟服务贸易框架协议》　（ASEAN Framework Agreement on Services，简称"AFAS"），目的在于消除东盟服务贸易中的障碍，推动服务贸易自由化，促进东盟区域内服务贸易的发展。[1] 2007 年 11 月东盟各国签订《东盟宪章》（ASEAN Charter），旨在 2015 年前建立东盟共同体，实现货物、服务、投资和技术工人在东盟内的自由流动，对服务贸易和投资提出了具体要求。以上政策促进了东盟区域内的服务贸易自由化，[2] 然而除了以上制度性因素以外，还有其他影响东盟服务贸易发展的非制度性因素，至于这些影响因素中哪些更为显著，以及是正相关还是负相关，需要对这些影响因素以往所产生的效果进行进一步测算。

一 文献综述

（一）关于东盟服务贸易内部自由化的研究

闫森认为，虽然东盟五国所设置的服务贸易壁垒因各国实际状况迥异而存在着显著差别，却也表现出许多共同的特点，而且服务贸易自由化的进一步加强也已经成为东盟五国贸易政策的必然选择和发展趋势。[3] 邹春萌定量分析了东盟区域服务贸易自由化的程度，认为东盟已经取得明显的"GATS ＋"成效，但同时面临很多问题，自由化进程不容乐观。[4] 尹忠明、陈秀莲实证分析了东盟整体服务贸易的影响因素，认为货物贸易规模、FDI 规模和服务业发展水平对服务贸易均有显著的正向影响。[5] Indira M. Hapsari 和 Donald MacLaren 探讨了东盟服务贸易自由化的经济增长效应，认为东盟服务贸易框架协议和关贸总协定内的服务贸易内容促进了金融服务贸易开放水平，对东盟五国的经济增长率具有重要作用。[6] 从目前

[1] 邹春萌：《东盟区域服务贸易自由化：特点与前景》，《东南亚研究》2008 年第 2 期，第 32—36 页。

[2] 邹春萌：《东盟五国服务贸易的开放度评析》，《亚太经济》2008 年第 3 期，第 59—63 页。

[3] 闫森：《东盟五国服务贸易壁垒的测度分析》，《亚太经济》2006 年第 1 期，第 36—39 页。

[4] 邹春萌：《东盟区域服务贸易自由化：特点与前景》，《东南亚研究》2008 年第 2 期，第 32—36 页；邹春萌：《东盟区域服务贸易自由化程度的定量评析》，《亚太经济》2013 年第 5 期，第 38—43 页。

[5] 尹忠明、陈秀莲：《东盟服务贸易现状和影响因素的分析——基于 1980—2007 年的样本》，《国际贸易问题》2009 年第 9 期，第 68—73 页。

[6] Indira M. Hapsari and Donald MacLaren, "The Growth Effects of Services Trade Liberalization in ASEAN", *ASEAN Economic Bulletin*, Vol. 29, No. 2, 2012, pp. 85 – 100.

的文献看，实证研究东盟服务贸易的文献较少，测算东盟服务贸易主要影响因素的文献更少，因此本文尝试弥补现有研究的不足，采用新的测算办法对东盟服务贸易发展的非政策性影响因素进行实证研究。

（二）关于服务贸易发展影响因素的研究

大多数国外学者探究了单个因素对服务贸易发展所产生的影响。如Hardin 等认为 FDI 对服务贸易具有重要影响，[①] Hoekman 和 Braga 阐述了技术进步对服务贸易的重要性，[②] Tori 等分析了信用评级对服务贸易的影响。[③] 国内学者从宏观上研究服务贸易发展影响因素的文献较多，按照时间顺序主要观点如下：贺卫等通过数据分析证实了当时中国以人力资本、城市化和外商直接投资的影响次序通过改善资源禀赋质量提升中国服务贸易国际竞争力。[④] 丁平认为中国服务业发展水平、外商直接投资、货物出口、服务市场开放度和国内消费水平与中国服务出口正相关，影响显著，尤其是服务业就业人数、服务市场开放度和居民消费支出对服务出口促进作用更大。[⑤] 李杨、蔡春林得出结论，认为国内服务业发展、国际货物贸易发展与服务贸易发展具有正向的关联。[⑥] 殷凤、陈宪认为经济规模、收入水平、服务业发展水平、货物贸易规模、服务业开放度是影响服务贸易的重要因素。[⑦] 易行健、成思的研究结果表明，人均国民收入、货物贸易出口、货物贸易进口、实际利用外商直接投资、国内对服务业的投资、服务业发展水平、人力资本、服务贸易开放和汇率对服务贸易出口和进口

① Hardin, A. and Holmes, "Service Trade and Foreign Direct Investment", *Industry Commission Staff Research Paper*, November, 1997.

② Hoekman, B. and Braga, "Protection and Trade in Services", *World Bank Policy Research Working Paper*, 1997.

③ Tori, C. R. and Tori, S. L., "Exchange Market Pressure, Soverign Credit Ratings and U. S Exports in Banking Services", *Atlantic Economic Journal*, 2001.

④ 贺卫、伍星、高崇：《我国服务贸易竞争力影响因素的实证分析》，《国际贸易问题》2005 年第 2 期，第 43—47 页。

⑤ 丁平：《中国服务贸易国际竞争力的影响因素分析与对策研究》，《世界经济研究》2007 年第 9 期，第 49—55 页。

⑥ 李杨、蔡春林：《中国服务贸易发展影响因素的实证分析》，《国际贸易问题》2008 年第 5 期，第 75—79 页。

⑦ 殷凤、陈宪：《国际服务贸易影响因素与我国服务贸易国际竞争力研究》，《国际贸易问题》2009 年第 2 期，第 61—69 页。

均有显著影响。[1] 张雨认为服务业外商直接投资、服务贸易开放度以及货物贸易出口规模对中国服务贸易技术含量提升具有显著积极影响。[2] 李晓峰、姚传高的研究结果表明，货物贸易出口和外商直接投资对中国服务贸易竞争力有显著正向影响，而货物贸易出口额和城镇化水平对印度服务贸易竞争力有显著正向影响。[3] 毕玉江的研究结论为，服务贸易增长具有较强的惯性特征，服务贸易发展程度主要与一国的经济发展状况及服务业本身发展状况有关。[4] 谢国娥等的计量分析结果表明，服务业发展水平、服务贸易市场开放度、人均国民收入水平、货物出口总额、人力资本均对中国台湾地区服务贸易出口具有正向影响，其中本地服务业发展水平和人力资本的影响最为显著。[5] 辛大楞等认为经济发展水平、第三产业比重、教育水平、FDI 以及网络基础设施等对企业服务贸易出口有重要影响。[6] 从文献综述的结果看，一国经济发展水平、服务业发展水平、服务业市场开放度、货物贸易和外商直接投资对服务贸易具有较大影响。

二 统计性描述

（一）东盟服务贸易整体情况

2005 年以来，东盟服务贸易进出口呈现出几乎相同的增长趋势，贸易额也十分接近。2014 年之前都是服务贸易逆差，2015 年开始出现少量顺差。其中，东盟服务贸易出口额从 2005 年的 1138.04 亿美元增至 2016 年

① 易行健、成思：《中国服务贸易影响因素的实证检验：1984～2008》，《国际经贸探索》2010 年第 11 期，第 33—38 页。

② 张雨：《我国服务贸易出口技术含量升级的影响因素研究》，《国际贸易问题》2012 年第 11 期，第 117—127 页。

③ 李晓峰、姚传高：《中印服务贸易竞争优势比较及影响因素的实证研究》，《学术研究》2014 年第 9 期，第 79—85 页。

④ 毕玉江：《服务贸易进出口影响因素研究——基于多国数据的动态面板实证分析》，《国际经贸探索》2016 年第 2 期，第 4—19 页。

⑤ 谢国娥、莫晓洁、杨逢珉：《台湾地区服务贸易竞争力、影响因素及其对策研究》，《世界经济研究》2016 年第 2 期，第 124—134 页。

⑥ 辛大楞、张宗斌、车维汉：《我国服务贸易出口的影响因素分析——来自微观企业层面的证据》，《国际贸易问题》2016 年第 1 期，第 71—81 页。

的 3268. 25 亿美元①，年均增长 10. 07% ；而东盟服务贸易进口额从 2005 年的 1410. 69 亿美元增至 2016 年的 3165. 83 亿美元，年均增长 7. 63% ，增速低于服务贸易出口。

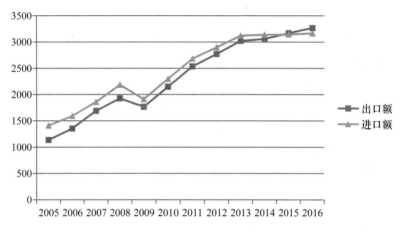

图 1　东盟服务贸易进出口额（单位：亿美元）

东盟区域内的服务贸易出口额从 2010 年的 420. 76 亿美元增长至 2016 年的 550. 69 亿美元，年均增长 4. 59% ；而同期占东盟服务贸易出口总额的比重却从 19. 59% 下降至 16. 85% 。东盟区域内服务贸易进口额从 2010 年的 387. 97 亿美元增长至 2016 年的 514. 60 亿美元，年均增长 4. 82% ，占比从 2010 年的 16. 87% 先增至 2013 年的 17. 71% ，然后下降至 2016 年的 16. 25% 。说明近年来东盟区域内服务贸易自由化取得了一定的成效，但在程度上不如东盟与区域外国家间的服务贸易自由化。这一点与印象中的东盟区域内外的服务贸易自由化程度相悖。

（二）东盟服务贸易行业结构

1. 东盟服务贸易出口行业结构

东盟服务贸易出口以旅游，运输，金融，电信、计算机和信息业等为

---

① 数据来源于 2015 年、2016 年 ASEAN Statistics Yearbook。若无特别说明，本文所有数据均来自 ASEAN Statistics Yearbook。

主，2016 年出口额分别为 1161.96 亿美元、674.33 亿美元、209.9 亿美元和 167.97 亿美元，占比分别为 35.55%、20.63%、6.42% 和 5.14%。近十几年来，所占份额最大也是增加最多的是旅游业，从 2005 年的 30.74% 增加到 2016 年的 35.55%，增加了 4.81 个百分点；而份额减少最多的是运输业，从 2005 年的 30.12% 减至 2016 年的 20.63%，减少了 9.49 个百分点。增长速度最快的是占比较小的知识产权使用费，2005—2016 年年均增长 18.59%；其次是电信、计算机和信息业，年均增长 13.85%；而旅游业年均增长 11.53%；运输业年均增长 6.35%。

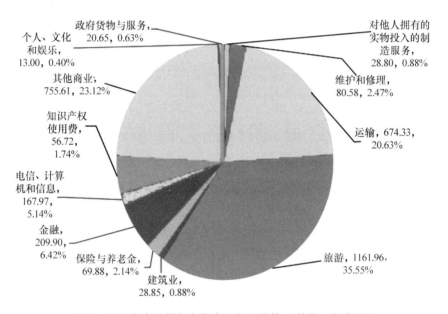

图 2　2016 年东盟服务贸易出口行业结构（单位：亿美元）

2. 东盟服务贸易进口行业结构

东盟服务贸易进口以运输，旅游，知识产权使用费，电信、计算机和信息业为主，2016 年进口额分别为 976.88 亿美元、665.65 亿美元、277.39 亿美元和 154.62 亿美元，占比分别为 30.86%、21.03%、8.76%、4.88%。所占份额增长最多的仍然是旅游业，2005—2016 年增加了 2.62 个百分点；而份额降幅最大的是运输服务业，2005—2016 年下降了 8.99 个百分点。东盟服务贸易进口行业中增长最快的是占比最小（0.08%）的对他人拥有的实物投入的制造服务，2005—2016 年年均增长 48.68%；维护和修理业（占比 0.67%）年均增长 15.44%，电信、计算机和信息服务业年均增长 14.79%，金融服务业年均增长 12.05%。

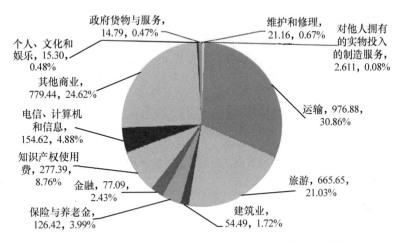

图 3　2016 年东盟服务贸易进口行业结构（单位：亿美元）

（三）东盟服务贸易国别结构

不论进口还是出口，东盟服务贸易最主要的 6 个对象是，新加坡、泰国、马来西亚、印尼、菲律宾和越南。其中从服务贸易出口看，2016 年新加坡、泰国、马来西亚、菲律宾、印尼和越南六国服务贸易出口额位于前列，依次为 1496.47 亿美元、652.45 亿美元、352.71 亿美元、313.57 亿美元、234.78 亿美元和 122.28 亿美元，占比分别为 45.79%、19.96%、10.79%、9.59%、7.18% 和 3.74%，合计占比为 97.05%。从出口份额变化看，近十几年来新加坡和泰国的服务贸易出口占比增长最多，其中新加坡占比从 2005 年的 40.9% 增至 2016 年的 45.79%，增加了 4.89 个百分点；同期泰国占比从 17.51% 增至 19.96%。而出口占比减少最多的是马来西亚和印尼，分别减少了 6.15 和 4.26 个百分点。不过服务贸易出口增长最快的国家都是服务贸易出口基数靠后的国家，如缅甸、柬埔寨和老挝 2005—2016 年分别年均增长 27.5%、14.41% 和 13.22%。服务贸易出口基数靠前的新加坡、泰国、菲律宾、越南年均增长在 10% 以上，从而保证这些国家服务贸易出口一直位于前列；印尼和马来西亚年均增长只有 5.5% 和 5.65%。服务贸易出口负增长的只有文莱。

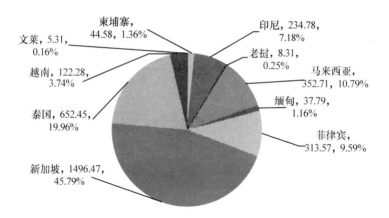

图 4　2016 年东盟各成员国服务贸易出口额及占比（单位：亿美元）

从服务贸易进口看，仍然是新加坡、泰国、马来西亚、印尼、菲律宾和越南六国占比最大，2016 年分别为 49.15%、13.51%、12.59%、9.64%、7.65% 和 5.2%，合计占比为 97.74%。从进口份额变化看，新加坡和菲律宾占比增幅最大，2005—2016 年分别增加了 9.34 和 3.07 个百分点；同期占比降幅最大的是印尼和泰国，分别减少了 6.2 和 5.48 个百分点。服务贸易进口增长最快的国家仍然是服务贸易出口基数靠后的老挝、缅甸，年均增长 17.3% 和 17.18%；年均增长最小的文莱、印尼的增长率为 1.11% 和 2.88%。

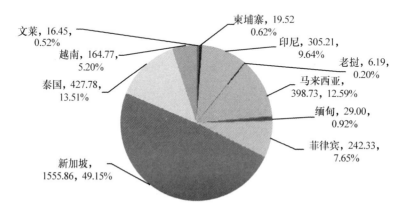

图 5　2016 年东盟各成员国服务贸易进口额及占比（单位：亿美元）

（四）东盟各成员国服务贸易进口开放度比较

进口开放度是表示一国或者地区对外开放的程度，也就是对外市场开放度。服务贸易进口开放度的具体计算办法为服务贸易进口额÷国内生产总值×100%。经测算，2016年东盟整体服务贸易进口开放度为12.37%。各成员国中服务贸易进口开放度最大的是新加坡，为52.39%，其后依次为文莱、马来西亚、泰国、柬埔寨、越南、菲律宾、缅甸、老挝和印度尼西亚。尤为特殊的是经济总量占第一位的印度尼西亚，服务贸易进口开放度仅为3.28%，经济总量较大的菲律宾和越南，服务贸易进口开放度也都比较靠后。

表1　　　　　2016年东盟及成员国服务贸易进口开放度比较（单位：亿美元）

国家	服务贸易进口额	国内生产总值	服务贸易进口开放度
新加坡	1555.86	2969.77	52.39%
文莱	16.45	112.06	14.68%
马来西亚	398.73	2996.32	13.31%
泰国	427.78	4070.48	10.51%
柬埔寨	19.52	191.94	10.17%
越南	164.77	1981.96	8.31%
菲律宾	242.33	3114.53	7.78%
缅甸	29.00	686.36	4.22%
老挝	6.19	159.03	3.89%
印度尼西亚	305.21	9312.16	3.28%
东盟	3165.84	25594.61	12.37%

三　东盟整体服务贸易影响因素的实证研究

（一）模型设定

测算贸易影响因素的模型一般有巴拉萨模型和引力模型，或者直接对影响因素进行回归分析。由于缺乏东盟与主要贸易伙伴的服务贸易数据，且考虑到可能产生的多重共线性，本文采用拓展后的巴拉萨模型进行测算。

巴拉萨模型的基本方程：$EXs = \alpha Y^{\beta} u$ (1)

转为线性方程为：$LnEXs = Ln\alpha + \beta LnY + Lnu$ (2)

1. 东盟服务贸易出口主要影响因素分析

由于东盟服务业生产值数据的不可得和受教育水平短期内变化不大，选取东盟的生产总值 Y、人均生产总值 AY、货物贸易出口额 EXg 和外商直接投资 FDI 作为具体变量，对服务贸易出口额 EXs 进行回归分析。

（a）生产总值 Y，是东盟所有成员国的国内生产总值之和，是服务业发展的经济基础，在总量上决定了服务供给的规模，从而也成为服务贸易出口的前提。一般来说，服务贸易出口额与生产总值正相关。

（b）人均生产总值 AY，体现经济发展水平，原因在于生产总值是一个总量概念，不能完全反映经济发展水平。人均生产总值也与服务贸易出口额正相关，人均生产总值增加会提升对国内服务业的需求，促进服务业发展，增强为国际市场提供服务的能力和层次。

（c）货物贸易出口额 EXg，是东盟所有成员国货物贸易出口额的加总，体现东盟货物出口能力。货物贸易出口与服务贸易出口关系密切，相互促进。货物贸易出口会带动相关服务业如物流、金融等行业的发展，那么相关服务业的发展也会促进货物贸易出口。

（d）外商直接投资 FDI，从两个方面对服务贸易产生影响，一是由于技术外溢提升服务业的发展质量，二是 FDI 会促进投资来源地和接收地之间的经济往来。一般来说两者也是正相关。

表2 东盟服务贸易出口回归分析主要变量数据

年份	服务贸易出口额 EXs（百万美元）	生产总值 Y（百万美元）	人均生产总值 AY（美元）	货物贸易出口额 EXg（百万美元）	外商直接投资 FDI（百万美元）
2005	1138	936175	1698	647970.1	42489.0
2006	1355	1121773	2008	750907.1	63912.0
2007	1689	1340870	2373	859803.6	78886.3
2008	1926	1555953	2717	977551.9	49012.6
2009	1765	1551194	2674	810472.2	43365.4
2010	2148	1927603	3271	1051614.1	108174.2
2011	2537	2246135	3767	1242199.0	87664.2

续表

年份	服务贸易出口额 EXs（百万美元）	生产总值 Y（百万美元）	人均生产总值 AY（美元）	货物贸易出口额 EXg（百万美元）	外商直接投资 FDI（百万美元）
2012	2773	2386268	3950	1254580.7	117544.7
2013	3022	2494541	4076	1271128.1	120050.9
2014	3058	2523701	4071	1292399.8	133056.9
2015	3169.91	2439200	3890	1171906.4	120511.5
2016	3268.25	2559463	4034	1150478.7	98042.5

以上各变量总体上看都是快速增长的。其中，服务贸易出口额 EXs、生产总值 Y 一直不断增长；而人均生产总值 AY、货物贸易出口额 EXg、外商直接投资 FDI 近几年出现稳中有降的趋势，尤其是 FDI 最近两年下降比较明显。

在（2）式的基础上加入以上各影响因素，回归方程变为：

$$\text{Ln}EXs_t = \alpha + \beta_1\text{Ln}Y_t + \beta_2\text{Ln}AY_t + \beta_3\text{Ln}EXg_t + \beta_4\text{Ln}FDI_t + e \qquad (3)$$

其中 $a = \text{Ln}\alpha$，$e = \text{Ln}u$；a 为参数，e 为随机误差项。

各主要影响因素与服务贸易出口拟合结果：

R2 = 0.9931　　P = 1.24E - 07　　　n = 12

表3　　　　　　东盟服务贸易出口主要影响因素回归结果

变量	系数	标准误差	T 值	P 值
α	- 27.4963	6.474612	- 4.24679	0.003808
$\text{Ln}Y$	4.086697	0.896965	4.55614	0.002617
$\text{Ln}AY$	- 3.94455	1.161642	- 3.39567	0.01151
$\text{Ln}EXg$	0.599621	0.305297	1.964053	0.090279
$\text{Ln}FDI$	- 0.0292	0.054882	- 0.53206	0.611146

回归结果对样本具有极好的解释能力，总 P 值也能通过检验。但是由于后面两个变量 $\text{Ln}EXg$、$\text{Ln}FDI$ 的 P 值为 0.0903 和 0.6111，不能通过检验，且 $\text{Ln}AY$、$\text{Ln}FDI$ 的系数为负值，说明存在比较严重的多重共线性。相关性分析结果见表4。

表4　　　　　　　　东盟服务贸易出口主要影响因素相关性分析结果

	LnY	$LnAY$	$LnEXg$	$LnFDI$
LnY	1			
$LnAY$	0.998884	1		
$LnEXg$	0.967587	0.974753	1	
$LnFDI$	0.823762	0.822525	0.849831	1

相关性分析结果表明，除了 $LnFDI$ 与其他变量的相关系数在 0.82 至 0.85 这一区间，其他变量之间的相关系数达到 0.96 以上，也说明存在严重的多重共线性。为消除多重共线性，逐个变量回归，得出结果见表5。

表5　　　　　　　　东盟服务贸易出口逐个变量回归结果

回归方程	拟合系数	变量	系数	标准误差	T值	P值
$LnEXs_t = \alpha + \beta_1 LnY_t + e$	R2 = 0.9805 P = 6.94E − 10 n = 12	α	− 6.73906	0.643416	− 10.4739	1.04E − 06
		LnY	1.001181	0.044614	22.44104	6.94E − 10
$LnEXs_t = \alpha + \beta_2 LnAY_t + e$	R2 = 0.9096 P = 1.55E − 06 n = 12	α	− 1.4537	0.510902	− 2.84535	0.017388
		$LnAY$	1.138795	0.063546	17.92076	6.26E − 09
$LnEXs_t = \alpha + \beta_3 LnEXg_t + e$	R2 = 0.9091 P = 1.59E − 06 n = 12	α	− 12.2253	1.991927	− 6.1374	0.00011
		$LnEXg$	1.440339	0.144001	10.0023	1.59E − 06
$LnEXs_t = \alpha + \beta_4 LnFDI_t + e$	R2 = 0.6833 P = 0.000915 n = 12	α	− 0.19614	1.700235	− 0.11536	0.910444
		$LnFDI$	0.69734	0.150137	4.644699	0.000915

逐个变量回归结果表明，除了对变量 FDI 线性回归时方差过小（0.6833）未能通过检验外（不过与服务贸易出口也是正相关），其他变量均通过检验，且回归系数均符合预期。其中东盟服务贸易出口额与货物贸易出口额最为显著，即货物贸易额每增长 1%，服务贸易出口额增长 1.44%；其次为人均国民生产总值和生产总值，系数均超过 1。

2. 东盟服务贸易进口主要影响因素分析

选取东盟的生产总值 Y、人均生产总值 AY、服务贸易进口开放度 $Open$、货物贸易进口额 IMg 和外商直接投资 FDI 作为具体变量，对服务贸

易进口额 *IMs* 进行回归分析。

（a）生产总值 *Y*，是服务贸易进口的经济基础，因为生产总值增加扩大了对服务业的需求，促进服务贸易进口，所以生产总值 *Y* 与服务贸易进口额 *IMs* 是正相关的。

（b）人均生产总值 *AY*，由于生产总值 *Y* 是个总量概念，不能完全反映经济发展水平，故增加人均生产总值 *AY* 指标。人均生产总值增加会提升对服务业的需求，包括增加对国外服务业的需求，从而促进服务贸易进口。

（c）服务贸易进口开放度 *Open*，采用服务贸易进口额占 GDP 的比重作为服务贸易开放度的指标，一般来说这个指标与服务贸易进口正相关。服务贸易开放度体现的是一国或者地区对服务贸易进口的政策，直接关系到服务业能否进入该市场。

（d）货物贸易进口额 *IMg*，与服务贸易进口额正相关。和货物贸易出口与服务贸易出口的作用机理相同，货物贸易会产生对贸易相关的服务业如物流、金融等的需求，包括对国外服务业的需求。

（e）外商直接投资 *FDI*，外商直接投资 *FDI* 会促进投资来源地和接收地之间的经济往来。一般来说两者也是正相关。

表6　　　　　　　　　　东盟服务贸易进口回归分析主要变量数据表

年份	服务贸易进口额 *IMs*（百万美元）	生产总值 *Y*（百万美元）	人均生产总值 *AY*（美元）	服务进口开放度 *Open*	货物贸易进口额 *IMg*（百万美元）	外商直接投资 *FDI*（百万美元）
2005	1411	936175	1698	0.0015	576608.1	42489.0
2006	1592	1121773	2008	0.0014	654325.3	63912.0
2007	1857	134087	2373.0	0.0014	750982.7	78886.3
2008	2184	1555953	2717	0.0014	919605.2	49012.6
2009	1910	1551194	2674	0.0012	726404.6	43365.4
2010	2300	1927603	3271	0.0012	957501.8	108174.2
2011	2684	2246135	3767	0.0012	1146245.0	87664.2
2012	2900	2386268	3950	0.0012	1221846.8	117544.7
2013	3121	2494541	4076	0.0013	1240388.4	120050.9
2014	3140	2523701	4071	0.0012	1236216.2	133056.9
2015	3144.25	2439200	3890	0.0013	1101128.4	120511.5

续表

年份	服务贸易进口额 IMs（百万美元）	生产总值 Y（百万美元）	人均生产总值 AY（美元）	服务进口开放度 Open	货物贸易进口额 IMg（百万美元）	外商直接投资 FDI（百万美元）
2016	3165.83	2559463	4034	0.0012	1085864.5	98042.5

在这些变量中，除了服务进口开放度逐步降低外（原因在于东盟服务贸易进口年均增速 7.63%，慢于生产总值年均增速 9.57%），其他因素总体上呈现出增长态势。其中，服务贸易进口额 IMs、生产总值 Y 一直快速增长，而人均生产总值 AY、货物贸易进口额 IMg 和外商直接投资 FDI 近几年呈现出稳中有降的趋势。

同样，在（2）式的基础上加入其他影响因素，回归方程变为：

$$LnIMs_t = \alpha + \beta_1 LnY_t + \beta_2 LnAY_t + \beta_3 Open_t + \beta_4 LnIMg_t + \beta_5 LnFDI_t + e$$

（4）

其中 $a = Ln\alpha$，$e = Lnu$；a 为参数，e 为随机误差项。

各主要影响因素与服务贸易进口拟合结果：

$R2 = 0.999979$ $P = 6.12E - 14$ $n = 12$

表7   东盟服务贸易进口主要影响因素回归结果

变量	系数	标准误差	T 值	P 值
α	-6.4225	0.4972	-12.917	1.32E - 05
LnY	0.8028	0.0804	9.9896	5.83E - 05
$LnAY$	0.3049	0.1164	2.6204	0.0396
$Open$	828.4733	24.5856	33.6975	4.55E - 08
$LnIMg$	-0.0682	0.0245	-2.7839	0.0318
$LnFDI$	0.0026	0.0025	1.0386	0.3390

回归结果对样本具有极好的解释能力，P 值也能通过检验。但是由于最后的变量 $LnFDI_t$ 的 P 值为 0.3390，不能通过检验，且 $LnIMg_t$ 的系数为负值，说明也存在比较严重的多重共线性。相关性分析结果见表 8。

表8 东盟服务贸易进口主要影响因素相关性分析结果

	LnY	LnAY	Open	LnIMg	LnFDI
LnY	1				
LnAY	0.998884	1			
Open	− 0.8391	− 0.8488	1		
LnIMg	0.966446	0.972918	− 0.75785	1	
LnFDI	0.823762	0.822525	− 0.63921	0.833665	1

相关性分析结果表明，开放度逐步下降，导致开放度与其他变量的相关系数为负值。除了 FDI 与其他变量的相关系数在 0.8 以上，其他变量之间的相关系数达到 0.95 以上，也说明存在严重的多重共线性。为消除多重共线性，逐个变量回归，得出结果见表9。

表9 东盟服务贸易出口逐个变量回归结果

回归方程	拟合系数	变量	系数	标准误差	T 值	P 值
$LnIMs_t = \alpha + \beta_1 LnY_t + e$	R2 = 0.9774 P = 1.48E - 9 n = 12	α	− 3.97677	0.565392	− 7.03365	3.57E − 05
		LnY	0.814584	0.039204	20.77825	1.48E − 09
$LnIMs_t = \alpha + \beta_2 LnAY_t + e$	R2 = 0.9694 P = 6.7E - 9 n = 12	α	0.313046	0.419172	0.746821	0.472365
		LnAY	0.927855	0.052137	17.79656	6.7E − 09
$LnIMs_t = \alpha + \beta_3 Open_t + e$	R2 = 0.5592 P = 0.005167 n = 12	α	10.45958	0.757964	13.79958	7.77E − 08
		Open	− 2074.38	582.4226	− 3.56163	0.005167
$LnIMs_t = \alpha + \beta_4 LnIMg_t + e$	R2 = 0.9403 P = 1.91E - 7 n = 12	α	− 6.55545	1.141389	− 5.74339	0.000187
		LnIMg	1.041565	0.082985	12.55125	1.91E − 07
$LnIMs_t = \alpha + \beta_5 LnFDI_t + e$	R2 = 0.5592 P = 0.005167 n = 12	α	10.45958	0.757964	13.79958	7.77E − 08
		LnFDI	− 2074.38	582.4226	− 3.56163	0.005167

逐个变量回归结果表明，除了变量 $Open$、LnFDI 系数为负且方差过小未能通过检验外，其他均通过检验。且回归系数均符合预期，其中东盟服务贸易进口额与货物贸易进口额最为显著，即货物贸易额每增长 1%，服务贸易进口额增长 1.04%；其次是人均生产总值，系数为 0.9279。

四　结论与对策建议

东盟服务贸易与东盟货物贸易、人均生产总值、生产总值具有较强的正相关性，且货物贸易影响最大。东盟服务贸易进口的开放度递减，导致服务贸易进口与开放度负相关。服务贸易虽然与外商直接投资正相关，但外商直接投资与服务贸易不存在线性关系。

根据上述研究结论，提出以下对策建议：（1）东盟应继续积极发展与货物贸易相关的服务贸易，提升运输，金融，电信、计算机和信息业等服务业的占比，促进服务贸易与货物贸易共同发展；（2）扩大服务贸易进口的开放度，尤其是扩大进口开放度较低且具有较大经济规模的印尼、菲律宾和越南的服务贸易进口开放度；（3）积极引进外资，扭转当前外商直接投资逐步下降的趋势。东盟外商直接投资从2014年起快速下降的原因在于日本、美国、欧盟对东盟直接投资快速下滑，但是同期中国对东盟直接投资快速增长，因此，东盟在积极吸引日美欧外资的同时，应继续扩大市场开放度，吸引来自中国的外资。

Factors Affecting ASEAN's Trade in Services: An Empirical Study Based on the Balassa Model

Yuan Qunhua

Abstract　After reviewing the liberalization of ASEAN trade in services and the factors affecting trade in services, this paper makes a statistical description of the overall situation, industry and country (destination) structure of trade in services and the import openness of trade in services among member states. Besides, extended Balassa model is used to empirically study the relationship between ASEAN's trade in services and its major influencing factors. The conclusion is that there is a strong positive correlation between ASEAN's trade in services and trade in goods, gross domestic product and per capita GDP, and trade in goods makes the largest impact. At last, the corresponding countermeasures are put forward.

Key Words　ASEAN; Trade in Services; Influence Factor; Balassa Model.

Author　Yuan Qunhua, Researh Associate, School of Economics and Trade, Guangdong University of Foreign Studies, Guangzhou, China.

国别研究

Country Studies

马来西亚族群扶持政策是否有利于企业发展？

——来自 2008 年金融危机的经验证据

曾海舰　李秋梅

【摘要】本文考察 2008 年金融危机对马来西亚华人企业与马来人企业冲击的差异。我们发现，马来人企业受金融危机的冲击显著大于华人企业，排除政治敏感性行业以及政治关联度较高的企业样本，这种差异仍然显著。我们还发现在政治敏感性行业和政治关联度较高的企业中，华人企业和马来人企业受到金融危机的负面影响程度并不存在显著差异。这说明马来西亚政府偏向马来人企业的族群扶持政策并未带来马来人企业经营和抗风险能力的提升，马来人企业的发展更多得益于政商关系。

【关键词】族群政策　金融危机　马来人企业　华人企业

【基金项目】中国—东盟区域发展协同创新中心科研专项与教育部长江学者和创新团队发展计划联合资助（CW201402）。

【作者简介】曾海舰，中国—东盟区域发展协同创新中心研究员，广西大学商学院，教授；李秋梅，广西大学商学院，博士研究生。

　　学者们在长期的研究过程中发现，外在宏观冲击往往会对微观主体产生影响，并且存在着一定的作用机制。在 2008 年金融危机的巨大冲击下，微观主体的信贷资源变化、现金持有行为及公司价值发生了不同强度的变化。国内外学者较关注于测算不同产权性质的企业在金融危机冲击下投融资、企业绩效、融资约束、现金调整、信用配置、并购绩效等微观行为的变化。① 但是现有文献都是基于企业的不同产权性质进行探讨，多将企业分为国有企业和民营企业两个组，罕有文献探讨企业的族群属性对企业的影响。

马来西亚的政治经济环境较为特殊，巫统当政之后，不断挤压占有绝对经济优势的华人，同时采用各种手段扶持并提高马来人的经济地位。长期以来，由于政府实施的"马来人优先"政策，马来人企业的经济地位及市场份额不断提高，但也形成了马来人企业对政府的依赖性过大、集中分布于政府垄断行业、经济效益比华人企业差的不利局面。在此环境下，马来西亚华人企业和马来人企业的差异不断加大，形成不同的企业特点。马来人企业较为安逸，长期以来拥有较多的政策优惠与各项补助，过于依赖政府，形成怪异的"拐杖文化"。② 相比马来人安逸与知足的品性，马来西亚华人更具有奋斗的精神，敢打敢拼，善于审时度势，③ 华人企业多为家族企业，企业灵活性高，适应性强。④ 因此在应对经济环境的变化与外部事件的冲击时，马来人企业和华人企业也会有不同的反应。那么应对同一外部事件的冲击时，企业的市场价值、经营能力以及债务水平会受到多大的影响？两种类型的企业受到冲击的差异程度如何？政府的扶持政策是否有利于马来人企业经营能力和抗风险能力的提高？

为回答这些问题，本文将 2008 年金融危机作为一个绝佳的、外生性的自然实验环境，结合马来西亚特殊的微观市场情况，考察金融危机中马来西亚华人企业及马来人企业的不同反应，分析族群政策对企业能力的影响。本文的贡献主要在于：第一，对马来西亚企业进行族群属性划分，测算金融危机对马来人企业的冲击是否显著大于对华人企业的冲击；第二，

---

① 张天舒、黄俊：《金融危机下产权性质与企业绩效的研究》，《浙江社会科学》2016 年第 8 期，第 48—59、157—158 页；田园：《外部冲击、企业投资与产权性质——基于国际金融危机的视角》，《现代管理科学》2017 年第 1 期，第 60—62、75 页；许蔚君：《金融危机改变了企业并购绩效的影响因素吗？——基于我国 A 股上市公司的实证分析》，《财会通讯》2013 年第 12 期，第 50—53 页；阳丹、赫然：《金融危机、产权性质、商业信用配置及经济后果研究》，《宏观经济研究》2014 年第 3 期，第 125—135 页；周铭山、任哲、李涛：《产权性质、融资约束与现金调整：兼论货币政策有效性》，《国际金融研究》2012 年第 6 期，第 83—91 页。

② 《马哈迪畅谈马来人的新困境》，《南洋商报》2002 年 7 月 30 日。

③ 《马来西亚总理马哈迪告诫马来人，必须学习华人精神》，《世界日报》2000 年 2 月 28 日。

④ Jomo K. S. and Brian C. Folk, *Ethnic Business: Chinese Capitalism in Southeast Asia*, Routledge Curzon, 2003.

按政治关联度和企业行业性质两种分组方式将企业分组，再次验证金融危机对马来人企业与华人企业冲击的差异程度，并得出金融危机冲击的差异程度显著存在于没有政治关联和低政治关联度以及非政治敏感性行业的企业中，以及政府的扶持政策没有提高马来人企业的经营管理能力的结论；第三，利用 Placebo 检验的方法，假设金融危机提前三年，再次估算金融危机对两种不同族群性质企业冲击的差异程度，证明在假设的金融危机中，金融危机的冲击及其差异程度均不存在，排除了其他政策性和随机性因素对本文结论的影响。

一　相关文献与假说

目前关于企业族群属性对企业价值、经营能力、负债比率等企业指标产生影响的国内外文献较少，大多是偏向于研究政治关联对微观企业的影响，如 Faccio[1]，Amore 和 Bennedsen[2] 及 Akey[3] 等学者均通过分析政治人物的某些行动或政治事件的发生，测度与之有政治关联的企业在事件发生期间及后续的反应，发现政治关联企业的累积超额收益率等指标会跟随事件的性质呈现同方向的变动。这些文献都表明政治关联会对微观企业个体产生影响，尤其是在新兴经济体及发展中国家，这种影响更为明显。[4] 其中一部分的政治关联建立在族群属性的基础上，或是与企业的族群属性相关，因此这也在一定程度上说明了在经受外部事件的冲击时，企业的族群属性会对企业的部分指标产生影响。

在上述研究的基础上，Acemoglu、Johnson、kermani 和 kwak[5] 发现美

① Faccio, Mara, "Politically Connected Firms", *Social Science Electronic Publishing*, Vol. 96, No. 1, 2006, pp. 369 – 386.

② Amore, Mario Daniele and M. Bennedsen, "The Value of Local Political Connections in a Low-Corruption Environment", *Journal of Financial Economics*, Vol. 110, No. 2, 2013, pp. 387 – 402.

③ Akey, Pat, "Valuing Changes in Political Networks: Evidence from Campaign Contributions to Close Congressional Elections", *Review of Financial Studies*, Vol. 28, 2015, pp. 3188 – 3223.

④ Faccio, Amore and Bennedsen, Faccio, Masulis and Mcconnell, Chiu and Joh, Dinç 等都以发展中国家或新兴经济体的企业为研究样本，认为由于这些国家的政治透明度较低，政治腐败等现象较为普遍，在这种政治经济环境中，政治关联度对企业的影响更为显著。

⑤ Acemoglu, Daron, et al., "The Value of Connections in Turbulent Times: Evidence from the United States", *Journal of Financial Economics*, Vol. 121, No. 2, 2016, pp. 368 – 391.

国 2008 年金融危机期间，随着蒂莫西·盖特纳被提名为财政部长，与他相关联的企业的累计超额收益率上升 6%，而在他税收问题缠身后，与他有关联的企业也受到了消极的影响。在美国高度透明的政治体系及严谨的监督机制中，历任财政部长被提名均没有发生此现象，因此 Acemoglu 等人提出了"危机中的关联假说"，即在如 2008 年金融危机等危机时刻或特殊时期，社会关系以及政治关联等因素对企业显得更为重要，在复杂的政治经济环境下，具有关系的企业可以通过社会关系或政治关联获得更多的信息、资源与优惠，而企业管理者与市场参与者是理性的，会根据这一现象做出相应的经营策略调整。

马来西亚作为发展中国家，因其特殊的政治经济环境，族群偏袒及腐败现象严重。政府自 1970 年以来长期实施"马来人优先"政策，后期又制定了《工业协调法》，规定企业若要上市，马来人的股权占比要达到 30% 以上。尽管 2009 年后政策有所放松，但是仍然明确在 2010 年的"第十大马计划"中持续维护马来土著的经济议程，维持他们 30% 持股的目标。[①] 截至 2005 年 12 月 31 日，大马股票交易所主要交易版和第二交易版的挂牌公司显示，马来土著已拥有 35.64% 的上市公司的股权，亚洲策略与领导研究院（ASLI）及马来亚大学的研究数据也显示，新经济政策中 30% 的股权占比目标早已达到，但马来西亚政府仍然坚称，根据对公司委员会登记的 60 万家公司评估，土著股权在 2004 年只达到 18.9%，2005 年仍未达到新经济政策 30% 的目标。同时，政府对马来土著企业的扶持一直没有间断过。2012 年 7 月，以总理纳吉布为首的土著议程领导单位（TER-AJU）议决将总值 86 亿令吉的捷运工程发放给土著承包商，确保土著企业受惠；[②] 同期政府又设立一个 6 亿令吉的促进基金，协助土著公司落实至少 500 万令吉的基础设施工程，最高资助达 15% 工程成本。[③] 2012 年 8 月

---

① 《第十大马计划：包容措施照顾土著企业家》，大马经济网，2010 年 12 月 6 日，http://www.bumiputraiaeconomy.net/my_ economy/gov_ invest_ corp/tzjjjiqizhchcs/2012 - 09 - 17/21578.html，登录时间：2017 年 9 月 6 日。
② 《占总值 43% 公开招标 86 亿捷运工程批土著》，大马经济网，2012 年 8 月 17 日，http://www.bumiputraiaeconomy.net/my_ economy/gov_ invest_ corp/tzjjjiqizhchcs/2012 - 08 - 17/20953.html，登录时间：2017 年 8 月 29 日。
③ 《6 亿元促进基金助土著公司》，大马经济网，2012 年 7 月 11 日，http://www.bumiputraiaeconomy.net/my_ economy/gov_ invest_ corp/tzjjjiqizhchcs/2012 - 07 - 11/20443.html，登录时间：2017 年 8 月 29 日。

开始，土著议程领导单位与中小企业银行达成共识，提供5亿令吉低息及无抵押贷款给参与中小型土著企业高绩效方案（Teras）的130家土著企业申请，并培训150名土著特许会计师，以期增加该领域土著的人数，达到平衡族群分配的目的。① 此外，作为土地之子的马来人（sons of the soil），在公立大学获得更多的入学名额，购买土地与房屋等财产获得7%以上的折扣，② 大卖场和百货公司必须为土著供应商的商品分配30%的货架空间等。根据马来西亚财政部以及《马来西亚政府采购制度》的规定，在政府采购领域外国公司不能与当地公司享有相同的竞争机会，外国公司需与当地公司成为合作伙伴后才能参与招标，并且采购制度明文规定了政府采购的首要原则，是鼓励和支持马来土著企业的发展。③ 以上数据及资料均表明，马来西亚政府对马来人企业的族群偏袒与各种政策照顾的力度之大及持续时间之久。

尽管马来人企业拥有政府的政治照顾以及各种政治关系，但却没有提高自己的经营能力和抗风险能力。马来西亚总理马哈蒂尔（也译为马哈迪）在上一任时经常在公共场合抱怨马来西亚人过度依赖土著特权，依赖政府给予的土著特权下的津贴度日，不思进取，并呼吁趁着还有站起来的能力，马来人应抛弃政府的"拐杖"，勇敢地站起来，避免族群变弱。④ 此外，马来人族群没有发挥自己的商业专长，而是选择向其他族群出售政府给予他们的特许证和特许合同，或拍卖特别分配的进口汽车许可证等。⑤ 2006年一项工业部调查显示，政府提供给土著的项目或特许权中的

---

① 《诺莫哈末：新措施低息无抵押 5亿元贷款助土著企业》，大马经济网，2017年7月7日，http：//www. bumiputraiaeconomy. net/my _ economy/gov _ invest _ corp/tzjjjiqizhchcs/2012 - 07 - 07/20361. html，登录时间：2017年10月6日。

② "Snag in Policy Implementation"，*New Straits Times*，31 December，2006，pp. 8 - 9.

③ 马来西亚财政部，"Bumiputraia's Government Procurement Regime"，2010年11月，http：//www. treasury. gov. my/pdf/lain-lain/msia_ regime. pdf，登录时间：2016年12月13日。

④ 《马哈蒂尔痛心马来人"太懒"：竞争不过大马华人》，凤凰网，2018年9月12日，http：//news. ifeng. com/a/20180912/60060618_ 0. shtml? _ cpb _ remenwz11，登录时间：2018年12月2日。

⑤ "Bumiputra Frittered away Opportunities Mahathir Says"，马新社，2007年7月19日，https：//omong. wordpress. com/2007/07/19/bumiputra-frittered-away-opportunities-mahathir-says/，登录时间：2017年6月13日。

85.37%被土著以交易等方式转让给其他族群。① 前总理巴达维于 2007 年指出，他对马来土著一心想实现 30%的股权持有目标，但却不改善自身的经营管理能力感到很失望。② 巫统资深人士说：现在的马来年轻人失去方向，很容易受到消极因素的影响，分不清轻重缓急，没有很强的纪律，缺乏意志力，沉溺于娱乐与自足。③

综上所述，马来人企业更容易陷入"危机中的关联假说"。马来人企业由于自身的族群属性，与政府存在天然的政治联系，长期处于政府的"保护"中，因此金融危机发生后，尽管马来西亚政府采取了宽松的货币政策及财政政策，动用了 670 亿令吉用于缓解金融危机对马来西亚经济的冲击，其中 290 亿令吉特别用于协助私营部门应对危机，向公司提供流动资金和营运资本保障，250 亿令吉为企业提供担保资金，④ 受惠对象也优先马来人企业，但因自身的管理能力与经营能力没有得到根本性的提高，政府的偏袒不足以弥补金融危机对马来土著企业的冲击。基于上述文献与事实，本文提出两个研究假设。

假设 1：马来西亚政府长期以来扶持马来人企业的政策并没有提高马来人企业的经营能力和抵御风险能力，因此马来人企业受到金融危机的冲击比华人企业大。

假设 2：政治关联度高的企业更容易得到政府扶持，因此在金融危机中，政治关联度高的企业以及政治敏感性行业的企业受到冲击小，绩效下降程度不显著，并且马来人企业与华人企业所受冲击程度并不存在显著差异。

---

① "These People Don't Want to Work They Don't Want to Learn"，*The Star*，2007 年 2 月 14 日，https：//omong. wordpress. com/2007/02/14/these-people-dont-want-to-work-they-dont-want-to-learn/，登录时间：2017 年 10 月 15 日。

② "Badawis Disappointment with Bumiputeras"，马新社，2007 年 6 月 30 日，https：//omong. wordpress. com/2007/06/30/badawis-disappointment-with-bumiputeras/，登录时间：2017 年 6 月 13 日。

③ "Bumiputra Have to Change Their Ways for the Better"，马新社，2008 年 7 月 4 日，https：//omong. wordpress. com/2007/07/04/bumiputra-have-to-change-their-ways-for-the-better，登录时间：2017 年 10 月 15 日。

④ 马来西亚央行：《马来西亚央行 2009 年年度报告》，2010 年 3 月 24 日，http：//www.bnm. gov. my，登录时间：2017 年 12 月 22 日。

二　估计策略

本文的估计策略主要包含 4 个步骤。

首先，进行总体样本及按族群属性分组样本的 OLS 回归，测算金融危机对马来西亚全部企业、马来人企业和华人企业的影响，使用的回归方程如下：

$$rawq_{it}/\, salesgrowth_{it}/\, debt_{it} = \alpha + \beta_1 \times period2008 + \sum \gamma_j \times X_{it-1} + \varepsilon_{it}$$
$$(1)$$

Rawq 代表企业的托宾 *Q* 值，由企业股票市值与公司负债的总和再与公司账面总资产价值相比而得，数值越高，企业的市场价值越大。*Salesgrowth* 表示企业的销售增长率，即企业当年销售增长额与上年销售增长额之比，比率越高，表示企业的经营状况越好，市场占有能力越强，企业的市场前景越广阔。金融危机导致的经济环境的不确定性与市场恐慌会使企业销售增长显著下降，这是企业受金融危机冲击的最直接最明显的表现形式。*Debt* 表示企业的资产负债比率。从股东和企业经营者的角度来看，金融危机发生期间，市场流动性紧张，资本的价格增加，并且企业的资本利润相对降低，因此资产负债比率呈下降趋势。*Period2008* 为金融危机的事件变量，2007 年（含 2007 年）以前为 0，2008 年（含 2008 年）以后为 1。[①] $\sum X_{it-1}$ 是控制变量，包括董事会规模取对数（boardsize）、董事会成员本公司持股比例（managerhold）、第一大股东持股比例（first_ share）、

---

① 学者们关于金融危机发生的时间界定不一，Campello、Almeida、Mclean 等人认为金融危机发生的时间为 2008 年 8 月（见 Campello, H. A. M., "Financing Frictions and the Substitution between Internal and External Funds", *Journal of Financial & Quantitative Analysis*, Vol. 45, No. 3, 2010, pp. 589 – 622; Almeida, C., Vicente, J., "Are Interest Rate Options Important for the Assessment of Interest Rate Risk?" *Journal of Banking & Finance*, Vol. 33, No. 8, 2009, pp. 1376 – 1387; Mclean, R. D. & Zhao, Mengxin, "The Business Cycle, Investor Sentiment, and Costly External Finance", *The Journal of Finance*, Vol. 69, No. 3, 2014, pp. 1377 – 1409）；但大多数国内学者（如祝继高、叶康涛、严冬《女性董事的风险规避与企业投资行为研究——基于金融危机的视角》，《财贸经济》2012 年第 4 期，第 50—58 页）将雷曼兄弟破产作为金融危机爆发的标志性事件，认为金融危机发生的时间应界定为 2008 年 9 月。由于本文使用的数据为年度数据，因此采取折中的方式，将金融危机发生的财报年度设定为 2008 年。下文在进行稳健性检验时，考虑将 2007 年作为金融危机发生年度，进行同样的估计测算。

企业每股股利（EarnPerShare）、经过中位数调整的公司总资产（asset_adj）等。

其次，使用金融危机虚拟变量（$period2008$）与企业族群性质虚拟变量（$group_{chn}$）交互项测算马来人企业和华人企业在金融危机前后的表现差异。由于金融危机发生前，马来西亚政府贯彻"马来人优先"的执政理念，一方面给予马来人企业源源不断的优惠，另一方面不断对华人企业进行挤压，所以马来人企业和华人企业在企业价值、销售增长率以及资产负债率等方面存在一定的差别。金融危机发生后，马来人企业和华人企业受金融危机的冲击程度和恢复能力也不一致，为了区分马来人企业和华人企业的差异是金融危机所致还是在金融危机前就已存在，本文使用以下模型进行估算：

$$rawq_{it}/\ salesgrowth_{it}/\ debt_{it} = \alpha + \beta_1 \times period2008 \times group_{chn} + \beta_2 \times period2008 + \beta_3 \times group_{chn} + \sum \gamma_j \times X_{it-1} + \varepsilon_{it} \tag{2}$$

$group_{chn}$ 为代表企业族群属性的虚拟变量，企业董事长为马来人则定义为马来人企业，赋值为 0，董事长为华人则定义为华人企业，赋值为 1，[①] period2008 与 $group_{chn}$ 交乘项的系数 β_1 是本文重点分析对象，用来考察马来人企业与华人企业受金融危机冲击后的差异程度。$\sum X_{it-1}$ 是控制变量，包括董事会规模取对数（boardsize）、董事会成员本公司持股比例（managerhold）、第一大股东持股比例（first_ share）、企业每股股利（EarnPerShare）、经过中位数调整的公司总资产（asset_ adj）。

再次，根据企业族群属性划分的不同方式对企业进行分组检验以及 Placebo 检验（安慰剂实验），即假设金融危机发生时间提前三年，验证假设的金融危机对马来人企业与华人企业的影响及对两者影响的差异性，确保本文估计结果的稳健性。

最后，由于马来西亚执政党为巫统时，所代表的是马来人的利益，所

[①] 企业族群属性的划分主要考虑三种方式：根据企业控股股东的族群性质划分、根据董事长的族群性质划分以及根据高管总人数中马来人高管占比与华人高管占比划分。由于马来西亚的市场环境较为特殊，政府规定上市企业的马来人股权的占比要达到 30%，所以以控股大股东族群性质划分的方式有偏颇；而若采用高管人数中马来人与华人高管占比划分，则占比各为 50% 的情况较难定义，因此，本文选用第二种划分方式，即根据董事长的族群性质划分企业的族群属性。

以马来人企业的政商关联度普遍较高，为了排除这一因素的影响，本文进一步根据政治关联度和行业的政治敏感性分组后，重新进行估算，与上一步的估算结果相比较，排除政治关联和行业因素对估算结果的影响以及分析金融危机对马来西亚企业的影响机制。

三　变量、数据及描述性统计

本文主要以马来西亚 522 家数据较为完整的上市公司为分析对象，主要分析过程的时间跨度为 2005 年至 2011 年，[①] 在 Placebo 检验中使用的数据时间跨度为 2002 年至 2008 年，假设金融危机发生的时间为 2005 年。本文的变量主要包括公司层面的财务数据变量、董事会成员的相关背景变量以及控股股东相关数据变量等。公司财务数据来自汤森路透社 datastream 数据库，高管背景数据及控股股东数据从每年的公司年报人工收集而来。由于少数不合理极端值的存在，我们对资产负债率（debt）、托宾 Q 值（rawq）进行了 0.5% 的缩尾处理。基本变量的描述性统计如表 1。

表 1　　　　　　　　　　　基本变量的描述性统计

变量名	观测值	均值	偏度	峰度	标准差	最小值	最大值
boardsize	3627	2.005	− 0.074	3.061	0.263	1.099	2.890
Managerhold	2006	4.787	2.818	12.633	9.013	0	74.35
first_ share	3634	28.901	0.809	3.181	16.683	1.0543	99.16
EarnPershare	3444	0.222	− 0.636	60.449	0.531	− 9.139	9.328
asset_ adj	3661	0.000	− 7.799	293.674	0.462	− 13	7
politicalratio	3627	0.569	− 0.059	2.544	0.234	0	1

表 2　　　　　　　　　　被解释变量分时段描述性统计

	2007 年前（含 2007 年）			2008 年后（含 2008 年）		
	debt	salesgrowth	rawq	debt	salesgrowth	rawq
总样本	0.23	0.0863	0.4765	0.2012	0.0457	0.443

---

① 因本文主要的目的是验证金融危机对马来人企业与华人企业的冲击差异，为了避免金融危机过后的样本数据对本文的估计结果的干扰，本文将 2011 年后的样本删去。

续表

	按控股股东性质分					
	2007 年前（含 2007 年）			2008 年后（含 2008 年）		
	debt	salesgrowth	rawq	debt	salesgrowth	rawq
马来人企业	0.238	0.1166	0.5505	0.2068	0.0464	0.5242
华人企业	0.2297	0.0705	0.4497	0.2009	0.0448	0.4128
	按董事长族群性质分					
	2007 年前（含 2007 年）			2008 年后（含 2008 年）		
	debt	salesgrowth	rawq	debt	salesgrowth	rawq
马来人企业	0.242	0.0905	0.5065	0.2099	0.0443	0.4735
华人企业	0.2049	0.0805	0.421	0.1874	0.0511	0.4024
	按高管族群比例分					
	2007 年前（含 2007 年）			2008 年后（含 2008 年）		
	debt	salesgrowth	rawq	debt	salesgrowth	rawq
马来人企业	0.2461	0.0933	0.5632	0.2066	0.0371	0.5279
华人企业	0.2225	0.0765	0.4399	0.197	0.0525	0.4074

表 2 根据不同的划分标准对企业族群属性进行分组描述性统计，从表中数据可以看出，金融危机后，市场资金紧缺，流动性严重不足，马来人企业与华人企业的借贷水平都有一定程度的下降，马来人企业平均下降 4%，华人企业平均下降 2.5%；危机发生后，企业销售增长率下降幅度最大，且马来人企业的销售增长率呈现断崖式下降，金融危机后的销售增长率与金融危机前相比，降幅均高达 50%，由危机前的高于华人企业降至低于华人企业，初步可知马来人企业风险抵抗力较低；托宾 Q 值呈现下降趋势，并且马来人企业下降幅度普遍比华人企业大。[①] 由基本描述性统计可初步得知，金融危机对马来人企业的冲击显著大于华人企业。

---

① 由表 1 可知，无论按照哪种划分方式界定企业的族群属性，金融危机前后各项指标都存在同方向的差异，因此，为了节省篇幅，本文只展示按照董事长族群性质划分企业族群属性的回归结果。

四　估计结果

（一）金融危机对企业冲击初步估计结果

为了测算金融危机对马来人企业与华人企业冲击的差异程度，我们首先需确认金融危机确实对这两种不同族群属性的企业均产生了影响；其次需要测算金融危机对马来人企业与华人企业的影响程度究竟如何。为此，我们使用估计方程（1）对总样本以及马来人企业样本和华人企业样本分别进行回归，回归结果如表3。

表3　　　　　　　　　金融危机对企业冲击的初步估计结果

VARIABLES	(1) debt 总样本	(2) salesgrowth 总样本	(3) rawq 总样本	(4) debt 马来人企业	(5) salesgrowth 马来人企业	(6) rawq 马来人企业	(7) debt 华人企业	(8) salesgrowth 华人企业	(9) rawq 华人企业
period2008	− 0. 026 ***	− 0. 048 ***	− 0. 032 ***	− 0. 041 ***	− 0. 085 ***	− 0. 049 **	− 0. 008	− 0. 029 *	− 0. 007
	(0. 0074)	(0. 0137)	(0. 0102)	(0. 0135)	(0. 0259)	(0. 0201)	(0. 0083)	(0. 0154)	(0. 0113)
boardsize	0. 021	0. 016	0. 040	0. 004	− 0. 073	0. 061	0. 041	0. 047 **	0. 055
	(0. 0298)	(0. 0217)	(0. 0469)	(0. 0478)	(0. 0474)	(0. 0688)	(0. 0379)	(0. 0206)	(0. 0487)
managerhold	− 0. 000	0. 000	− 0. 002	0. 001	− 0. 000	0. 000	− 0. 000	0. 000	− 0. 001
	(0. 0010)	(0. 0006)	(0. 0011)	(0. 0022)	(0. 0021)	(0. 0030)	(0. 0011)	(0. 0007)	(0. 0012)
first_ share	− 0. 001 **	− 0. 000	− 0. 001	− 0. 001	− 0. 001	0. 000	− 0. 001 *	− 0. 000	− 0. 002
	(0. 0005)	(0. 0004)	(0. 0008)	(0. 0008)	(0. 0008)	(0. 0012)	(0. 0007)	(0. 0005)	(0. 0012)
EarnPerShare	− 0. 043 ***	0. 046 ***	− 0. 047	− 0. 039	0. 074 ***	− 0. 064 *	− 0. 056 ***	0. 036 **	− 0. 083 ***
	(0. 0152)	(0. 0138)	(0. 0329)	(0. 0255)	(0. 0151)	(0. 0375)	(0. 0165)	(0. 0170)	(0. 0222)
asset_ adj	0. 016 **	0. 023 **	− 0. 011	0. 005	− 0. 007	0. 054	0. 017	0. 034 **	− 0. 047 ***
	(0. 0079)	(0. 0101)	(0. 0413)	(0. 0080)	(0. 0146)	(0. 0443)	(0. 0122)	(0. 0155)	(0. 0179)
Constant	0. 183 **	0. 055	0. 400 ***	0. 238 **	0. 213 **	0. 394 **	0. 126	0. 024	0. 333 ***
	(0. 0727)	(0. 0567)	(0. 1108)	(0. 1140)	(0. 1019)	(0. 1616)	(0. 0965)	(0. 0692)	(0. 1267)
Observations	1, 877	1, 847	1, 874	739	725	739	1, 046	1, 031	1, 044
R-squared	0. 111	0. 023	0. 088	0. 115	0. 056	0. 112	0. 152	0. 019	0. 140

注：表中括号内为以企业为聚类分析的稳健标准误，*** 、** 、* 分别代表在1%、5%、10%的水平上显著。

表 3 给出了金融危机对马来西亚企业冲击的初步估计结果，（1）—（3）列是总样本估计，（4）—（6）列与（7）—（9）列分别表示金融危机对马来人企业和对华人企业的影响。从上述结果可以看出，金融危机对所有企业均产生消极的影响，但对华人企业的负债水平和托宾 Q 值的消极影响不显著。马来人企业的负债水平显著下降 4.1%，托宾 Q 值同样在 5% 的显著性水平下降低 4.9%，销售增长率显著下降 8.5%，下降幅度均大于总样本以及华人企业样本。这初步说明了金融危机对马来西亚企业的冲击显著存在。金融危机几乎波及每个企业，使得负债比率降低，销售增长率下降，企业价值下降，并且对马来人企业的影响更大，这在一定程度上验证了假设 1。

（二）冲击差异性估计

由估计方程（1）的回归结果可知，金融危机对马来人企业与华人企业均产生了一定的冲击，并初步可判断，对马来人企业的冲击较大。但两种不同族群属性的企业的差异是否在危机前就已存在？真正属于金融危机冲击的差异有多少？本文将加入金融危机与企业族群属性的交乘项，即估计方程（2）进行估计。估计结果如表 4。

表 4　　金融危机对马来人企业与对华人企业冲击差异的估计结果

	（1）	（2）	（3）
VARIABLES	debt	salesgrowth	rawq
period2008 *	0.033 **	0.055 *	0.045 *
group$_{chn}$	（0.0159）	（0.0298）	（0.0235）
period2008	− 0.041 ***	− 0.084 ***	− 0.050 **
	（0.0136）	（0.0258）	（0.0202）
group$_{chn}$	− 0.059 ***	− 0.049 **	− 0.119 ***
	（0.0200）	（0.0248）	（0.0277）
boardsize	0.024	0.001	0.057
	（0.0299）	（0.0216）	（0.0390）
managerhold	0.000	0.000	− 0.000

续表

	（1）	（2）	（3）
	（0.0010）	（0.0006）	（0.0011）
first_ share	−0.001**	−0.001	−0.001
	（0.0005）	（0.0004）	（0.0008）
EarnPerShare	−0.046***	0.056***	−0.072***
	（0.0171）	（0.0122）	（0.0251）
asset_ adj	0.015*	0.023**	−0.016
	（0.0083）	（0.0103）	（0.0410）
Constant	0.207***	0.115*	0.425***
	（0.0751）	（0.0588）	（0.1003）
Observations	1，785	1，756	1，783
R-squared	0.125	0.029	0.139

注：表中括号内为以企业为聚类分析的稳健标准误，***、**、*分别代表在1%、5%、10%的水平上显著。

表4中金融危机与企业族群属性的交乘项（period2008 * group$_{chn}$）均显著为正，马来人企业的资产负债率、销售增长率以及托宾 Q 值在金融危机中比华人企业分别多下降3.3%、5.5%和4.5%，可知金融危机对马来人企业和华人企业的冲击存在着差异，即去除金融危机前马来人企业和华人企业间已存在的差异后，金融危机对马来人企业的冲击更大。这种差异主要是由于马来人企业过度依赖政府以及外界环境，政府长久以来对马来人企业的扶持与偏袒已经一定程度上使其形成"惰性"，却没有从根本上提高马来人企业的经营能力和抗风险能力，因此金融危机这一巨大的外部冲击使得马来人企业的品质下降，投资者对企业的评价降低，企业的内在资产素质不如危机前，[1] 在危机发生后企业的表现不如华人企业，再次验证了假设1的正确性。

---

① 张思宁：《用托宾 Q 值分析影响上市公司市场价值的若干因素》，2006年中国人民银行金融研究所博士学位论文，第34页。

（三） 稳健性检验

1. Placebo 检验

为了进一步检验上述结果的稳健性，本文借鉴以往研究，[①] 通过改变金融危机发生的时间段进行 Placebo 检验，即安慰剂检验。为了检验马来人企业与华人企业受金融危机冲击的差异不是其他政策性或随机性因素所致，而是 2008 年金融危机所致，本文假设金融危机发生的时间提前 3 年，至 2005 年，再次对方程（1）和（2）进行估计。如果 Placebo 检验的结果与上文的结果一致，则说明马来人企业与华人企业所受冲击的差异并不源自金融危机。具体结果如表 5，从结果看，假设的金融危机变量（period2005）除了对华人企业的销售增长率（salesgrowth）影响显著外，对总样本以及马来人企业和华人企业其他变量的影响均不显著，并且销售增长率的系数仅为 - 3.4。而由于销售增长是体现企业活动最直接最有效的指标，因此变动的幅度较大；但是，本文怀疑这是由于 Placebo 检验中包含 2008 年金融危机的数据，所以对销售增长率产生了较小的负面影响。本文还进一步假设金融危机发生时间为 2006 年，但交乘项也不显著，并且符号方向均相反，即假设的金融危机对马来西亚企业没有产生显著的影响。因此，可以说明金融危机发生后，马来人企业与华人企业间差异的扩大是金融危机冲击所致，并不是其他政策性或随机性因素引起的，本文的估计结果具有稳健性。

表5　　金融危机对马来人企业与对华人企业冲击的 Placebo 检验估计结果

VARIABLES	(1) debt 马来人企业	(2) salesgrowth 马来人企业	(3) rawq 马来人企业	(4) debt 华人企业	(5) salesgrowth 华人企业	(6) rawq 华人企业	(7) debt 总样本	(8) salesgrowth 总样本	(9) rawq 总样本
period2005 *							0.001	0.450	- 0.006

[①] 刘瑞明、赵仁杰：《国家高新区推动了地区经济发展吗？——基于双重差分方法的验证》，《管理世界》2015 年第 8 期，第 30—38 页；范子英、田彬彬：《税收竞争、税收执法与企业避税》，《经济研究》2013 年第 9 期，第 99—111 页；陈刚：《法官异地交流与司法效率——来自高院院长的经验证据》，《经济学》（季刊）2012 年第 4 期，第 1171—1192 页。

续表

VARIABLES	(1) debt	(2) salesgrowth	(3) rawq	(4) debt	(5) salesgrowth	(6) rawq	(7) debt	(8) salesgrowth	(9) rawq
	马来人企业	马来人企业	马来人企业	华人企业	华人企业	华人企业	总样本	总样本	总样本
group$_{chn}$							(0.0174)	(0.5641)	(0.0228)
period2005	−0.007	−0.526	0.017	−0.002	−0.034 *	0.017	−0.004	−0.497	0.023
	(0.0133)	(0.5956)	(0.0182)	(0.0112)	(0.0204)	(0.0137)	(0.0130)	(0.5691)	(0.0178)
group$_{chn}$							−0.050 **	−0.482	−0.099 ***
							(0.0206)	(0.5138)	(0.0275)
boardsize	−0.046	0.386	0.030	0.021	0.055	0.032	−0.002	0.252	0.042
	(0.0488)	(0.5563)	(0.0659)	(0.0439)	(0.0440)	(0.0553)	(0.0327)	(0.2767)	(0.0419)
managerhold	−0.001	0.005	−0.001	−0.001	−0.000	−0.001	−0.001	0.004	−0.001
	(0.0023)	(0.0221)	(0.0027)	(0.0014)	(0.0010)	(0.0015)	(0.0012)	(0.0050)	(0.0013)
first_ share	−0.002 **	−0.001	−0.001	−0.001 *	−0.001	−0.002 *	−0.002 **	−0.000	−0.002 *
	(0.0008)	(0.0038)	(0.0011)	(0.0009)	(0.0007)	(0.0013)	(0.0006)	(0.0015)	(0.0009)
EarnPerShare	−0.058 ***	0.360	−0.113 ***	−0.062 ***	0.035	−0.093 ***	−0.061 ***	0.263	−0.108 ***
	(0.0205)	(0.3073)	(0.0313)	(0.0201)	(0.0256)	(0.0248)	(0.0155)	(0.2070)	(0.0238)
asset_ adj	0.005 *	0.173	−0.007	0.027 **	0.039 *	−0.069 ***	0.017 ***	0.138	−0.030
	(0.0033)	(0.1704)	(0.0446)	(0.0111)	(0.0226)	(0.0164)	(0.0064)	(0.1134)	(0.0286)
Constant	0.368 ***	−0.491	0.474 **	0.175	0.062	0.400 ***	0.273 ***	−0.085	0.463 ***
	(0.1404)	(0.8435)	(0.1852)	(0.1095)	(0.0959)	(0.1300)	(0.0864)	(0.2306)	(0.1096)
Observations	775	750	766	940	924	936	1, 715	1, 674	1, 702
R-squared	0.125	0.010	0.161	0.132	0.014	0.134	0.127	0.008	0.165

注：表中括号内为以企业为聚类分析的稳健标准误，*** 、** 、* 分别代表在 1% 、5% 、10% 的水平上显著。

2. 其他稳健性检验

上述估计结果都是基于企业董事长的族群性质划分企业的族群属性，为了使结果更稳健，本文采用控股股东族群性质以及高管成员族群比例对样本进行了族群属性划分，再次对上述结果进行估计。估计结果发现，使用另外两种方式划分企业的族群属性，结果显示的符号方向基本保持一致，金融危机对马来人企业的冲击程度仍比对华人企业大。

本文还对没有进行缩尾的样本用公式（1）和（2）再次进行估计，估计结果仍没有发现实质的变化，金融危机对马来人企业的冲击仍显著大于对华人企业的冲击。

五　进一步拓展：行业性质和政治关联度的验证

掌握马来西亚经济命脉、由巫统垄断或者获得较大政策优惠的企业大多数掌握在马来人手中，因此这类行业性质的企业多数属于马来人企业。为了进一步确认马来人企业与华人企业在金融危机中受到冲击的差异以及影响机制，本文按照 Julio[1] 与 Herron 等学者[2]的做法，将所有行业划分为政治敏感性行业和非政治敏感性行业两类，前者主要包括烟草、制药、医疗与健康、国防、石油、天然气、通信与交通等行业，其余行业为非政治敏感性行业；分别对这两个类型的企业进行估计后，由表 6 可看出，政治敏感性行业企业占据样本总量的 9.1%，而政治敏感性行业中马来人企业的数量是华人企业的 2 倍。

表 6 　　　　　　　　按行业性质和政治关联度分组的样本分布

分　组 样　本　数 族　群	按行业性质分组		按政治关联度分组		
	政治敏感性 行业	非政治敏感 性行业	低政治 关联度	中政治 关联度	高政治 关联度
马来人企业	201	1650	459	677	715
华人企业	111	1461	637	622	313

按行业政治敏感性分组的回归结果如表 7。从表中可以看出，（1）—（3）列非政治敏感性行业企业中，交乘项的系数显著为正，危机对马来人企业与华人企业的冲击差异显著存在，并且与表 4 中金融危机对马来人企

①　Julio，B.，Yook，Y.，"Political Uncertainty and Corporate Investment Cycles"，*Journal of Finance*，Vol. 67，No. 1，2012，pp. 45 – 83.

②　Herron，C.，James Lavin，Donald Cram，Jay Silver，"Measurement of Political Effects in the United States Economy：a Study of the 1992 Presidential Election"，*Economics and Politics*，No. 11，1999，pp. 51 – 81.

业与华人企业冲击差异估计结果的系数几乎一致。在政治敏感性行业中，（4）—（6）列中交乘项的系数与非政治敏感性行业相比均小，并且不显著，进一步表明了金融危机对华人企业与马来人企业的冲击差异不存在。由此我们可以得出以下结论：一是在政治敏感性行业中，由于行业照顾因素的存在，政府对企业的扶持比较均匀，不存在太强的族群偏袒效应，因此能享受马来西亚政府扶持的华人企业与马来人企业受到的危机冲击均比较小，这一结论验证了假设2。二是在非政治敏感性行业企业中，由于华人企业不能享受政府的族群扶持或政策优惠，而马来人企业能得到更多的政府扶持，因此金融危机对非敏感性行业中马来人企业和华人企业的冲击差异大部分源自马来西亚政府的族群扶持政策，扶持政策并没有提高企业的经营管理水平，再次验证假设1。

表7　　金融危机对马来人企业与对华人企业冲击差异的估计结果：
按行业性质分组

VARIABLES	非政治敏感性行业			政治敏感性行业		
	（1）	（2）	（3）	（4）	（5）	（6）
	debt	salesgrowth	rawq	debt	salesgrowth	rawq
period2008 *	0.037 **	0.056 *	0.048 *	− 0.017	0.031	0.003
group_ chn	(0.0167)	(0.0319)	(0.0252)	(0.0548)	(0.0590)	(0.0530)
period2008	− 0.044 ***	− 0.085 ***	− 0.052 **	0.022	− 0.066	0.005
	(0.0140)	(0.0276)	(0.0216)	(0.0530)	(0.0500)	(0.0490)
group_ chn	− 0.050 **	− 0.052 *	− 0.114 ***	− 0.135 **	− 0.045	− 0.128 **
	(0.0205)	(0.0266)	(0.0291)	(0.0627)	(0.0571)	(0.0610)
boardsize	0.013	0.000	0.051	0.171	0.013	0.146
	(0.0314)	(0.0222)	(0.0411)	(0.1110)	(0.0791)	(0.0899)
managerhold	0.000	0.000	− 0.001	− 0.001	− 0.000	− 0.001
	(0.0010)	(0.0007)	(0.0011)	(0.0034)	(0.0023)	(0.0024)
first_ share	− 0.001 **	− 0.000	− 0.001	− 0.002	− 0.003 **	− 0.001
	(0.0006)	(0.0004)	(0.0009)	(0.0019)	(0.0013)	(0.0018)
EarnPerShare	− 0.063 ***	0.061 ***	− 0.094 ***	0.004	0.065	− 0.006
	(0.0104)	(0.0122)	(0.0175)	(0.0340)	(0.0519)	(0.0298)
asset_ adj	0.009 *	0.022 **	− 0.024	0.065	0.055 *	0.051

续表

VARIABLES	非政治敏感性行业			政治敏感性行业		
	（1）	（2）	（3）	（4）	（5）	（6）
	debt	salesgrowth	rawq	debt	salesgrowth	rawq
	（0.0052）	（0.0110）	（0.0417）	（0.0499）	（0.0300）	（0.0369）
Constant	0.234 ***	0.113 *	0.447 ***	0.170	0.125	0.492 **
	（0.0781）	（0.0603）	（0.1053）	（0.2476）	（0.1845）	（0.1900）
Observations	1，639	1，613	1，637	146	143	146
R-squared	0.100	0.028	0.133	0.432	0.136	0.478

注：表中括号内为以企业为聚类分析的稳健标准误，***、**、* 分别代表在 1%、5%、10% 的水平上显著。

由于马来西亚一切以"马来人优先"的政治经济环境，马来西亚政府对马来人企业的庇护相当明显，尤其是与政府官员交往较深的企业，得到的优惠和扶持更多。因此本文参照从企业每年年报中人工收集的高管背景数据，根据企业高管是否有亲属在政府任职以及高管是否曾在政府（包括州政府）任职等背景资料判断该企业是否具有政治关联，最后以具有政治关联背景的高管与该企业总高管人数之比，即具有政治关联背景的高管比例（political ratio）为基础，将样本分为三组：低政治关联度组、中政治关联度组与高政治关联度组。由表 6 可知，随着政治关联度的提高，马来人企业的样本数量呈现上升趋势，华人企业的样本数则呈递减趋势，而在高政治关联度的组中，马来人企业的样本数是华人企业的 2 倍多。因此本文有必要分清金融危机对马来人企业和华人企业的冲击差异究竟是源于企业的族群属性还是企业自身的政治关联度，以及金融危机对不同政治关联度的企业的冲击存在何种差异。

表 8 列出了不同政治关联度分组的估计结果。从（1）—（3）列的回归结果可以看出，在政治关联度较低或没有政治关联的华人企业与马来人企业中，金融危机对华人企业的冲击仍比对马来人企业的冲击小，尤其是对华人企业的资本负债比率和企业市场价值的冲击显著小于对马来人企业。在马来西亚政府区别对待的低政治关联度或没有政治关联的样本中，金融危机对马来人企业的冲击更大，族群扶持政策并没有使马来人企业具备更强的抗风险能力，这个结果进一步有效验证了假设 1。而（4）—

（9）列的中、高政治关联度的组别中，除了第（7）列的资产负债比率在10%的置信水平下显著外，其他列的交乘项系数均不显著，即金融危机对拥有中高政商关系的马来人企业和华人企业的冲击差异并不显著，再次验证假设2的结论。

表8　金融危机对马来人企业与对华人企业冲击差异的双重差分估计结果：
按政治关联度分组

	低政治关联度			中政治关联度			高政治关联度		
	（1）	（2）	（3）	（4）	（5）	（6）	（7）	（8）	（9）
VARIABLES	debt	salesgrowth	rawq	debt	salesgrowth	rawq	debt	salesgrowth	rawq
period2008 *	0.074 **	0.095	0.132 ***	− 0.015	0.077	− 0.026	0.059 *	0.009	0.055
group_ chn	（0.0318）	（0.0674）	（0.0454）	（0.0220）	（0.0503）	（0.0303）	（0.0353）	（0.0456）	（0.0471）
period2008	− 0.092 ***	− 0.110 *	− 0.138 ***	0.014	− 0.103 **	0.009	− 0.063 **	− 0.070 **	− 0.058
	（0.0282）	（0.0615）	（0.0425）	（0.0163）	（0.0459）	（0.0200）	（0.0284）	（0.0303）	（0.0404）
group_ chn	− 0.047	− 0.092	− 0.121 **	− 0.033	− 0.073 *	− 0.068 *	− 0.071 *	0.013	− 0.110 **
	（0.0396）	（0.0605）	（0.0541）	（0.0287）	（0.0406）	（0.0368）	（0.0387）	（0.0402）	（0.0467）
boardsize	0.051	− 0.005	− 0.020	− 0.030	0.000	0.027	0.013	− 0.035	0.152 ***
	（0.0489）	（0.0477）	（0.0646）	（0.0399）	（0.0449）	（0.0562）	（0.0582）	（0.0555）	（0.0564）
managerhold	− 0.001	0.000	− 0.001	− 0.001	0.001	− 0.000	− 0.001	− 0.002	− 0.002
	（0.0014）	（0.0010）	（0.0019）	（0.0009）	（0.0010）	（0.0014）	（0.0022）	（0.0016）	（0.0026）
first_ share	− 0.000	− 0.000	0.001	− 0.003 ***	0.001	− 0.002 **	− 0.001	− 0.002 **	− 0.002 *
	（0.0009）	（0.0007）	（0.0013）	（0.0008）	（0.0007）	（0.0011）	（0.0009）	（0.0010）	（0.0013）
EarnPerShare	− 0.025	0.044	− 0.042 *	− 0.018	0.032	− 0.023	− 0.054 ***	0.078 ***	− 0.094 ***
	（0.0203）	（0.0299）	（0.0234）	（0.0298）	（0.0208）	（0.0371）	（0.0148）	（0.0115）	（0.0232）
asset_ adj	0.088	0.020 **	0.070	0.026	0.073	0.162 ***	0.009	0.018 *	− 0.042 ***
	（0.0885）	（0.0083）	（0.0609）	（0.0196）	（0.0517）	（0.0278）	（0.0059）	（0.0101）	（0.0113）
Constant	0.102	0.227 *	0.427 **	0.217 *	− 0.022	0.307 **	0.304 **	0.288 **	0.242
	（0.1305）	（0.1316）	（0.1682）	（0.1291）	（0.1146）	（0.1527）	（0.1393）	（0.1456）	（0.1746）
行业效应	控制	控制	控制	控制	控制	控制	控制	控制	控制
地区效应	控制	控制	控制	控制	控制	控制	控制	控制	控制
Observations	585	579	584	709	697	708	491	480	491
R-squared	0.260	0.027	0.256	0.180	0.061	0.212	0.224	0.101	0.398

注：表中括号内为以企业为聚类分析的稳健标准误，***、**、*分别代表在1%、5%、10%的水平上显著。

六　结论

毫无疑问，金融危机这一外在冲击对马来西亚全部企业产生了消极的影响。我们利用金融危机和企业族群属性的交乘项的估计系数，区分金融危机对马来西亚不同族群属性企业冲击的差异程度，并进一步探讨了产生这种差异的原因，主要得出以下结论：（1）马来人企业受金融危机的冲击程度普遍比华人企业大。马来人企业在日常的经营活动中更多地依赖政府的扶持，较多地享受政府的政策优惠和偏袒，在危机来临时，自身的反应速度与反应能力较华人企业更迟钝，因此在危机发生后，马来人企业的资产负债水平较华人企业多下降3.3%，销售增长率多下降5.5%，市场价值也比华人企业多下降4.5%。政府的扶持政策没有提高马来人企业的经营能力和抗风险能力。（2）在烟草、制药、医疗与健康、国防、石油、天然气、通信与交通等政治敏感性行业中，金融危机对马来人企业与华人企业的冲击并没有显著的差异，而在其他非政治敏感性行业企业中，金融危机对马来人企业的冲击仍显著大于对华人企业的冲击。（3）在不存在政商关联或是政治关联度较低的企业中，政府对马来人企业的族群偏袒使其和华人企业的经营能力存在着差异，因此冲击差异显著存在；但是在同样受到政府扶持的政治关联度较高的企业中，金融危机对企业冲击的族群属性差异不显著。（4）马来西亚政府长期的偏袒与扶持并没有提高马来人企业自身的经营能力与抗风险能力，因此金融危机对华人企业与对马来人企业的冲击差异主要源自企业的族群特性的不一致，由此可知政府的族群扶持政策不利于马来人企业的长远发展。

金融危机对马来西亚企业的冲击差异更多地来源于企业的族群属性，政府对马来人企业的长期偏袒与照顾，导致马来人企业对政府存在较大的依赖性，企业的经营管理方式与没有得到特殊照顾的华人企业自然也不一样。政府对马来人企业的偏袒与扶持虽说在一定程度上提高了马来人企业的经济份额与短期收益，但是在某种程度上致使马来人高管对政府过度依赖而降低了企业自身的调节与适应能力，更容易存在"知足常乐"的心理，不利于企业的生存与长期发展空间的拓展。因此，马来西亚政府在处理经济平衡问题时，不应该一味地强求族群间的经济地位平等，一律实行"马来人优先"政策，而应该各取所长，发挥华人的经济地位优势，进而带动马来人企业，这样既能避免马来人企业对政府的过度依赖，又能提高马来高管的经营管理水平，实现共同发展，为马来西亚的经济发展谋福利。

Whether Ethnic Support Policies are Beneficial to the Development of Enterprises in Malaysia? —Empirical Evidence from the 2008 Financial Crisis

Zeng Haijian   Li Qiumei

Abstract   This paper explores the different impacts of the 2008 financial crisis on Bumiputra and Chinese enterprises in Malaysia. The result shows that the negative impact of the financial crisis on Bumiputra enterprises was significantly larger than on Chinese enterprises, even after excluding the samples of politically sensitive industries and enterprises with higher levels of political relevance. It also shows that in the politically sensitive industry groups and enterprises with higher political relevance, there was no significant difference in negative impact of the financial crisis on the Chinese and Bumiputra enterprises. The findings suggest that the ethnic policies in favor of Bumiputra enterprises cannot improve their business and risk-resistance capabilities, and the development of Bumiputra enterprises comes mainly from government-business relationship.

Key Words   Ethnic Policy; Financial Crisis; Bumiputra Enterprises; Chinese Enterprises

Authors   Zeng Haijian, Researcher of China-ASEAN Collaborative Innovation Center for Regional Development, Professor at Business School of Guangxi University; Li Qiumei, Ph. D. candidate of Business School of Guangxi University.

"一带一路"背景下越南劳动密集型产业发展与中国的机遇

周均旭[1]　常亚军[2]　何惠榕[3]　陈莹[4]　赵静[5]

【摘要】凭借人口红利和劳动力成本优势，越南近年吸引了大量外资，实现了劳动密集型产业快速发展，产业规模、市场竞争力都有提升，对中国构成了一定的竞争和挑战，但同时，越南劳动密集型产业存在产业对外依存度较高、产品附加值低、产业布局不均衡等问题。在"一带一路"背景下，中越两国正加强战略对接，双边经贸关系日益密切，未来随着两国合作协议落实和"五通"建设的推进，中国特别是中国西南边境的广西等省区，同越南劳动密集型产业合作将迎来新的机遇。

【关键词】一带一路　中越合作　劳动密集型产业

【基金项目】中国—东盟区域发展协同创新中心科研项目"越南劳动密集型产业发展与广西的机遇研究"（CW201621）；广西大学科研基金项目"广西劳动力市场供求状况与政府治理研究"（XBS1501）。

【作者简介】1. 中国—东盟区域发展协同创新中心研究员，广西大学公共管理学院，教授、博士生导师、副院长；2、3、4、5. 广西大学公共管理学院，硕士研究生。

中国—中南半岛经济走廊是"一带一路"倡议的重要组成部分，是中国连接中南半岛的大陆桥，也是中国与东盟合作的跨国经济走廊。越南是中国—中南半岛经济走廊的重要合作国家，近年来凭借着更年轻、更廉价的劳动力优势，在第四次全球产业转移中，承接了大量劳动密集型产业，国际竞争力不断提升，在国际市场上对中国纺织品和服装、电子设备等传统优势产品造成巨大替代冲击。越南劳动密集型产业的发展，改变了中越两国产业和贸易的合作与竞争形势，也对劳动就业等领域产生了影响。

在"长期稳定、面向未来，睦邻友好、全面合作"十六字方针和"好邻居、好朋友、好同志、好伙伴"精神指导下，中越关系企稳，高层"串门式"互动频繁，习近平总书记在党的十九大后首访的国家就是越南。尽管南海问题等不稳定因素仍然存在，但经贸领域的合作占据中越关系的主导地位，中国连续13年保持越南的第一大贸易伙伴的地位。同时，越南也是中国在东盟的主要贸易伙伴。随着中越合作日益密切，双方国家领导人在合作政策上达成共识。2017年11月，习近平总书记访问越南时，签署了《共建"一带一路"和"两廊一圈"合作备忘录》，在此基础上，两国政府的相关部门不断围绕政策、设施、资金、贸易、民心互通等议题签署系列更为具体的合作文件，未来双方全面战略合作将进一步提质升级。

在"一带一路"持续推进过程中，全球贸易保护主义抬头、"中美贸易摩擦"为中国经济发展带来了诸多不确定因素。因此，开展对越南劳动密集型产业的全面、多维分析，了解越南劳动密集型产业的发展现状，寻求中越合作的机遇，对于中国，特别是中国西南邻越边境地区来说具有十分重要的意义。

一　国内外研究

Lewis[1] 关注到发达国家由于人口自然增长率下降、非熟练劳动力不足，劳动力成本上升，劳动密集型产业向发展中国家转移的现象。改革开放以后，中国对劳动密集型产业的研究陆续兴起，林毅夫[2]认为，发展劳动密集型产业是所有成功国家的必经阶段，通过劳动密集型产业创造大量的就业，把劳动力从农业人口变成现代制造业的人口，产生比较优势和竞

[1]　Lewis, W. A., "Economic Development with Unlimited Supplies of Labour", *The Manchester School of Economic and Social Studies*, Manchester: Manchester School, 1954, pp. 139 – 191.

[2]　林毅夫:《新常态下中国经济的转型和升级：新结构经济学的视角》,《新金融》2015年第6期，第4—8页。

争优势，然后逐渐实现产业结构升级。周均旭[1]也总结认为，20 世纪 80 年代中国东南沿海地区，借助改革开放的政策支持，充分发挥劳动力成本低和市场潜力巨大等优势，通过大量承接劳动密集型制造业转移，得以融入全球产业链，获得了持续多年的经济快速增长，成就了中国"世界工厂"的地位；2008 年金融危机爆发后，东南沿海以出口或代工为主的劳动密集型中小制造企业开始向劳动力和资源等更低廉的中西部地区，以及越南、缅甸、印度、印尼等新兴发展中国家转移。

为顺应全球一体化的发展，越南也在加快其融入区域经济一体化的步伐，而在全球的第四次产业转移的浪潮中，更是因其地理位置优越、劳动力成本较低、劳动力结构年轻化等优势，成为劳动密集型产业转移的最佳选地，这方面的国外研究逐渐增多。如 Lewis[2]采用间接法和实证研究法分析越南的外商直接投资对本国发展的影响是能带来积极的技术溢出效益，有利于本国的生产率的提高、出口的增长、就业的增加等，外商直接投资的溢出效益与国内的私营部门的发展水平存在正相关关系。Kokko 和 Thang[3]指出，外商直接投资对越南国内企业会产生各种溢出效益使之受益，但是也会加剧竞争，导致行业拥挤；无论外商是在横向还是纵向投资时，国有企业的存在都会影响国内私营企业的进入；他们还对 2001—2008 年外商直接投资的净效应进行了分析，发现不同行业结果各不相同，而且随着时间的推移，总体影响非常小。Stephan 和 Huong[4]研究了 FDI 给越南制造业的总要素生产率带来的溢出效益，指出不仅在同一行业内会产生积极的局部溢出效益，临近外国的、小的、非生产性的公司也有不成比例的收益，并且认为，相对于制造业垂直溢出具有本地化限制的局限性，服务业的垂直溢出效益在此方面受到的约束更少。

国内也有学者关注到越南劳动密集型产业给中国带来的竞争。如，王

---

① 周均旭：《中国产业转移与劳动力供给结构的动态变化》，科学出版社 2016 年版，第 50—52 页。

② Lewis, W. A., "Economic Development with Unlimited Supplies of Labour", *The Manchester School of Economic and Social Studies*, Vol. 22, No. 2, 1954, pp. 139 – 191.

③ Ari Kokko, Tran Toan Thang, "Foreign Direct Investment and the Survival of Domestic Private Firms in Vietnam", *Asian Development Review*, Vol. 31, No. 1, 2014, pp. 53 – 91.

④ Stephan Kyburz and Huong Quynh Nguyen, "Does Proximity to Foreign Invested Firms Stimulate Productivity Growth of Domestic Firms? Firm-level Evidence from Vietnam", *European Trade Study Group*, Switzerland: University of Bern, 2016, pp. 12 – 36.

宝荣、刘瑜和谢驰宇①分析了中越两国 2007—2013 年劳动密集型产品贸易情况，认为中国出口的规模和增长速度仍强于越南，但越南在劳动密集型产业的产品的广度拓展及出口结构调整方面有更突出的表现，并且指出中越在劳动力的成本、质量、结构差异方面的劳动势能差距日益减小，越南的后发优势越发明显。杜攀②指出，越南凭借自身丰富的自然资源和相对于中国更为廉价的劳动力资源，在发展纺织、服装、鞋帽等劳动密集型产业上的优势逐渐显现出来，与中国在劳动密集型产业方面的竞争近年不断加剧。

相较于媒体对中国向越南转移产业及遇到问题的各类报道，对越南劳动密集型产业的专门研究主要集中于对越南自身的研究，以及越南与中国的竞争方面，只有陈雪梅和余俊波③进行了有针对性的研究，认为中越双方政府应借助中国—东盟自由贸易区的有利平台，加强跨国经济合作，有效地突破资源、技术、资金流动的瓶颈，更好地为产业转移营造良好的经济合作环境，同时定期举行政府官员、企业家的交流访问，促进双边经贸信息的有效沟通与流动，为产业转移的进行提供信息保障。在"一带一路"持续推进与国际经济社会格局剧烈变化的背景下，中国坚持加快开放步伐，也要加强对与越南的劳动密集型产业合作方面的研究。

二　越南劳动密集型产业发展的基本情况

（一）越南劳动密集型产业的界定

一般学者在研究劳动密集型产业时，通常以工业制造业为主。越南作为新兴的发展中国家，尚处在工业化进程当中，本文仍将沿用劳动密集型产业的说法，重点研究的也是越南的劳动密集型制造业。采用《越南统计

①　王宝荣、刘瑜、谢驰宇：《"一带一路"背景下中越劳动密集型产品双边贸易研究——基于 2007—2013 年数据》，《经济管理》2015 年第 9 期，第 11—18 页。
②　杜攀：《中越工业制品比较优势及产品出口相似性分析》，《现代商贸工业》2010 年第 4 期，第 92—93 页。
③　陈雪梅、余俊波：《政策推动国际产业转移研究——以中—越产业转移为例》，《经济与管理》2011 年第 11 期，第 5—9 页。

年鉴》中的制造业产业划分方式，参照黄艳①使用定量工具的方法，利用劳动—资本系数对越南当前的劳动密集型产业进行界定，计算得出越南制造业平均劳动密集系数为1.12，高于此的行业有20个，被公认为劳动密集型产业的服装加工、皮革及相关产品加工、家具制造、食品加工、纺织品加工、木制品和木材加工（家具除外）等产业的密集系数都在1.75以上，其中纺织品加工最低为1.75。因此，本文以纺织品加工的1.75为界，将越南主要行业劳动密集系数高于纺织品加工的产业界定为劳动密集型产业，共有16个劳动密集型产业。计算机、电子和光学产品制造等电子产业的密集系数在1.8以上，可以认为越南的电子产业主要集中在劳动密集型生产装配环节，也可以界定为劳动密集型产业，如表1所示。

表1   2017 年越南主要劳动密集产业

行业	从业人数（人）	年末固定资产和企业长期投资（十亿盾）	劳动密集系数
服装加工	1427412	104104	13.71
皮革及相关产品加工	1209227	96839	12.49
家具制造	354521	49797	7.12
其他制造业	171724	33223	5.17
印刷行业	73401	14881	4.93
机器设备的装配与修理	53149	11907	4.46
木制品和木材加工（家具除外）	133681	39488	3.39
电子设备制造	178432	61875	2.88
金属产品制造	339518	125519	2.70
汽车、拖车及半挂车制造	128018	54605	2.34
机械设备制造	74417	32506	2.29
食品加工	553879	243718	2.27
橡胶和塑料产品制造	302952	134121	2.26
计算机、电子和光学产品制造	612306	329227	1.86

① 黄艳、徐维祥、朱剑、张志纲：《我国典型劳动密集型产业的分布现状及近年来的转移趋势》，《现代经济》2009 年第 9 期，第 98—101 页。

续表

行业	从业人数（人）	年末固定资产和企业长期投资（十亿盾）	劳动密集系数
制药与植物制品	51300	28406	1.81
纺织品加工	278577	158888	1.75
全国	14012276	12551024	1.12

资料来源：由《越南统计年鉴2017》计算而得。

（二）越南劳动密集型产业的发展

革新开放后，越南经济发展势头强劲，而劳动密集型产业提供了大量就业岗位、拉动了进出口贸易、带动了基础设施的建设，为推动越南经济发展做出了巨大贡献。2013—2017年，以劳动密集型产业为主的制造业工业指数达到了110.52%，高于全国工业指数108.04%的水平，并且近两年保持持续增长的趋势。[①] 如表2所示，在2010—2017年的8年间，各类劳动密集型产品均有较大幅度增长，其中运动鞋、纺织产品和电子装配产品增幅最为明显。

表2 2017年越南主要劳动密集型产品产量比较

产品	2010年产量	2017年产量	增长幅度
家用洗衣机（千台）	467.4	2845	508.69%
移动电话（百万台）	37.5	212.1	465.60%
组装电视机（千台）	2800.3	10433.6	272.59%
汽车轮胎（千条）	5494	16434	199.13%
纺织纤维（千吨）	810.2	2407.1	197.10%
运动鞋（百万双）	347	802.5	131.27%
塑料袋（千吨）	622.9	1167.7	87.46%
衣服（百万件）	2604.5	4807.9	84.60%
各类面料（百万平方）	1176.6	1838.5	56.26%

---

① 越南国家统计局：《越南统计年鉴2017》，http：//www.gso.gov.vn/default_ en.aspx? tab-id＝515&idmid＝5&ItemID＝18941，登录时间：2018年12月4日。

续表

产品	2010 年产量	2017 年产量	增长幅度
鞋类（百万双）	192.2	261.1	35.85%
空调（千台）	343.7	451.8	31.45%
报纸及其他印刷品（十亿张）	716.2	909.1	26.93%
打印机（千台）	23519.2	26975.2	14.69%
纸张（千吨）	1536.8	1722.6	12.09%
家用冰箱（千台）	1504.9	1585.8	5.38%

资料来源：《越南统计年鉴 2017》。

越南劳动密集型产业发展，在以下 4 个方面的特点非常突出：

1. 外商直接投资的推动作用大

越南劳动密集型产业获得快速发展的一个重要原因就是外资驱动。越南从 1988 年实施《新外资投资法案》，到 2006 年实施平等对待内外资的《投资法》，再到 2015 年 7 月份《投资法》修订案的出台，国内的投资环境大幅改善，吸引越来越多的外国投资，成长为全球投资热土。1988 年至 2017 年底，全世界有 114 个国家和地区在越南有投资，全国共有 24748 个有效外资项目，注册资金总额近 3200 亿美元，到位资金 1700 多亿美元，共有 2.3 万多家外资企业，外商直接投资占社会总投资的 25%，如表 3 所示，韩国、日本、新加坡是越南的主要外资来源地。[①] 外商投资方向以劳动密集型制造业为主，2018 年达到 165.8 亿美元，占到全部投资总额的 46.7%，[②] 主要集中在手机、电脑和其他电子产品，交通设备和通用设备，以及化工产品等领域。越南电子产业近十年的快速发展，有典型意义，2010 年后，三星、LG、松下以及英特尔等国际巨头先后进入越南投资，下游厂商依次跟进，产业供应链逐步得到完善。

---

① 越南国家统计局：《越南统计年鉴 2017》，http://www.gso.gov.vn/default_en.aspx?tab-id=515&idmid=5&ItemID=18941，登录时间：2018 年 5 月 4 日。

② 《越南吸引 354.6 亿美元外商直接投资》，越南通讯社，2018 年 12 月 27 日，https://en.vietnamplus.vn/vietnam-lures-3546-billion-usd-fdi/144240.vnp，登录时间：2018 年 12 月 27 日。

表3   2017 年底越南累计投资前十大来源地

国家或地区	项目数	资金数（亿美元）
韩国	6549	578.617
日本	3607	493.073
新加坡	1973	425.407
中国台湾	2534	308.672
英属维京群岛	744	225.352
中国香港	1284	179.335
马来西亚	572	122.749
中国大陆	1817	120.230
美国	861	98.941

资料来源：《越南统计年鉴 2017》。

相比而言，越南本土的传统劳动密集型企业规模都不太大。截至 2017
年，越南企业总数约为 70 万家，其中 97% 为中小企业，技术水平和创新
能力比较落后；在行业分布上，如表 4 所示，2016 年企业数量最多的为金
属产品制造业，达到了 13065 家，而食品加工和服装加工业居于第二、第
三位，分别为 7137 家和 6413 家，居于最末位的为机械设备修理与安装行
业，为 2318 家；在企业所有制结构上，非国有企业是主力，2016 年占比
为 96.71%，其中私人企业占比为 9.59%、股份制企业占比为 66.7%、纯
外资企业占比为 2.37%、外商合作投资企业为 0.4%。[①]

表4   2016 年企业数量排名前十的越南劳动密集型产业

产业名称	企业数量（家）
金属产品制造	13065
食品加工	7137
服装加工	6413
印刷行业	5601
橡胶和塑料产品制造	5040

---

① 越南国家统计局：《越南统计年鉴 2017》，http://www.gso.gov.vn/default_en.aspx？tab-
id = 515&idmid = 5&ItemID = 18941，登录时间：2018 年 11 月 20 日。

续表

产业名称	企业数量（家）
木材和木制品加工	4676
家具制造	4172
纺织品加工	3150
纸和纸制品加工	2448
机械设备修理与安装	2318

资料来源：《越南统计年鉴 2017》。

2. 出口产品初具国际竞争力

劳动密集型产品是越南出口贸易中的主要组成部分，未来受人口规模和发展水平限制，其产能扩张后，会将更多精力投放到国际市场，出口导向成为越南劳动密集型产业发展的必然选择。从出口产品排名来看，2015年以来，越南的鞋子、成衣和纺织纺纱制成品出口就分别居世界的第二位、第三位和第四位；[①] 2016 年越南共生产各种鞋 12.4 亿双，出口约 11亿双，出口额为 78 亿美元，出口数量和金额均居世界第二位，仅次于中国，大大超过排名第三的印尼（26 亿美元）。[②] 此外，近年来越南在电子产品出口方面的竞争力提升，2013 年以后越南电子产品的出口比重逐年增长，2014 年越南跃升至全球排名第十二的电子产品出口国，在东盟地区排名第三，年均增长达 10%；2015 年手机及其配件的出口值超越传统纺织产品，成为越南最主要的出口产品。[③] 而通过采用巴拉萨提出的显示性比较优势指数（RCA 指数）进行计算，如表 5 所示，进一步证实了越南在纺织服装产业和电子信息产业已经具备了较强的国际竞争力。

[①] United Nations Commodity Trade Statistics Database，"Metadata & Reference-Commodity List"，December 2016，https://comtrade.un.org/db/mr/rfCommoditiesList.aspx#，登录时间：2017年 12 月 11 日。

[②] 中华人民共和国商务部：《越南已成为世界第二大鞋类出口国》，2017 年 7 月 14 日，ht-tp://www.mofcom.gov.cn/article/i/jyjl/j/201707/20170702609686.shtml，登录时间：2018年 5 月 14 日。

[③] United Nations Commodity Trade Statistics Database，"Metadata & Reference-Commodity List"，December 2016，https://comtrade.un.org/db/mr/rfCommoditiesList.aspx#，登录时间：2017年 12 月 11 日。

表5　　　　　　　　2016 年越南主要劳动密集型产品出口 RCA 指数

序号	出口商品名称	RCA 指数	序号	出口商品名称	RCA 指数
1	鞋靴、护腿和类似品及其零件	9.19	11	浸渍、涂布、包覆或层压的织物；工业用纺织制品	1.81
2	稻草、秸秆、针茅或其他编结材料制品；篮筐及柳条编结品	7.92	12	木及木制品；木炭	1.66
3	非针织或非钩编的服装及衣着附件	5.18	13	针织物及钩编织物	1.62
4	针织或钩编的服装及衣着附件	4.79	14	橡胶及其制品	1.53
5	皮革制品；鞍具及挽具；旅行用品、手提包及类似容器；动物肠线（蚕胶丝除外）制品	3.68	15	毛皮、人造毛皮及其制品	1.53
6	棉花	3.62	16	人造丝等人造纺织材料	1.47
7	帽类及其零件	3.47	17	生皮和毛皮（毛皮除外）和皮革	1.40
8	蚕丝	2.98	18	人造短纤维	1.19
9	电气及电子设备	2.19	19	玩具、游戏品、运动用品及其零件、附件	1.12
10	其他纺织制成品；成套物品；旧衣着及旧纺织品；碎织物	2.03	20	絮胎、毡呢及无纺织物；特种纱线；线、绳、索、缆及其制品	1.08

资料来源：根据联合国贸易商品统计数据计算得出。

3. 产业处于价值链底端

越南的纺织、电子装配业等劳动密集型产业，技术装备自动化程度不高，主要依赖于大量农村转移劳动力的就业投入。2016 年，越南主要加工制造业从业人口为 675.8 万人，其中主要劳动密集型产业从业人口为 594.3 万人，占比为 87.94%；从业人口数量排名前五的行业为服装加工业、皮革及相关产品加工业、计算机电子和光学产品制造业、食品加工业以及家具制造业，从业人数分别为 142.7 万人、120.9 万人、61.2 万人、55.4 万人和 35.5 万人，占主要劳动密集型产业就业人数的比例达到 70%。同时，从业人数总体呈现增长趋势，如图 1 所示，从业人口主要集中于服装加工业和皮革及相关产品加工业，2012—2016 年从业人数增长规模最大，分别增长了41.4万人和36.8万人，增长率为40.9%和43.7%；而计算机、电子和光学产品制造业的从业人数增长速度最快，5年间从业人口增长幅度为111.3%。①

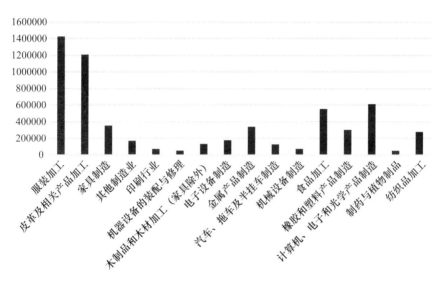

图1　2016年越南主要劳动密集型产业从业人数（单位：人）

资料来源：《越南统计年鉴2017》。

越南劳动密集型产业在全球价值链的分工中，多数处在低附加值产品加工环节，产品整体利润率较低。如图2所示，越南规模较大的食品加工业、纺织品制造业、电子设备制造业等近一半的劳动密集型产业利润率均在5%左右，即使是电子设备制造业，其利润率也仅仅维持在5.44%。这主要是因为，在产业发展中外资企业居于优势地位，"中心—卫星"式产业集群的技术势差使越南本土企业在产业中处于边缘位置，外资企业与海外母公司联系密切，与区内本地企业关联度低，技术外溢效应不明显。以三星公司为例，其在越南有80多家下游厂商，越商占比不到10%，而且越南工厂的生产也主要是在外包装、塑胶模具供应等低附加值环节。②

---

① 越南国家统计局：《越南统计年鉴2017》，http：//www.gso.gov.vn/default_en.aspx？tab-id=515&idmid=5&ItemID=18941，登录时间：2018年11月20日。

② 《越南进出口贸易概况及电子制造产业市场分析》，工业在线展会，2017年3月4日，ht-tps：//www.jianshu.com/p/eec90be15b66，登录时间：2017年5月5日。

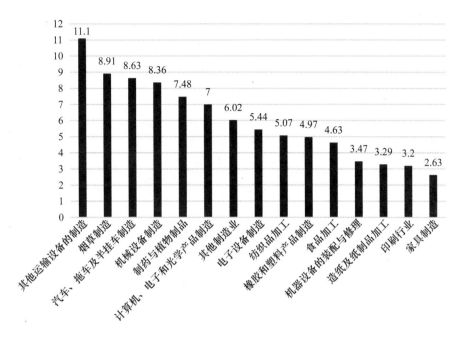

图 2　2016 年越南主要劳动密集型产业利润率（单位：%）

资料来源：《越南统计年鉴 2017》。

4. 地域分布不均衡

工业园区是越南承接产业转移的重要载体。截至 2016 年 6 月底，越南共建有 313 个工业区，16 个经济区，其中 218 个工业区投入使用。在 2016 年上半年，工业区和经济区累计吸引外资项目 7510 个，协议资金 1476 亿美元，到位资金 814 亿美元；国内的投资项目是 7163 个，协议投资总额为 550 亿美元，到位资金为 270 亿美元。① 如表 6 所示，越南劳动密集型产业主要集中在南北两个重点经济区，传统纺织企业主要在广宁省、南定省和西宁省等纺织产业聚集地；而电子产业的外资电子巨头企业主要分布于河内市、胡志明市两大发达城市及其周边省份，相关配套企业也多聚集于此，形成南北两个区域的"中心—卫星"式产业集群，主要产业以几个跨国公司为核心，大部分中小型外资企业为其进行配套建设，本地企业和中

---

① 中华人民共和国商务部：《2016 年上半年越南工业区、经济区发展情况》，2016 年 7 月 13 日，http://www.mofcom.gov.cn/article/i/jyjl/j/201607/20160701358237.shtml，登录时间：2017 年 11 月 15 日。

心企业的联系局限于市场交易，很少有技术交流，外资对当地企业的带动辐射作用有限。此外，在重点经济区的产业集聚仅仅对有限范围内的地区产业发展具有带动作用，而邻近中国的北部省份，除了广宁外，在产业发展上都非常落后。

表6 越南重点经济区情况

重点经济区	经济区范围	中心城市的重点工业
北部重点经济区	河内、海防、广宁、海阳、兴安、河西、永福、北宁8省市	河内建有自己的工业体系，拥有机械、化工、纺织、制糖、卷烟等工业部门，河内是全国机器制造业的中心。
中部重点经济区	岘港、承天—顺化、广南、广义和平定5省	岘港重点发展机械、船舶制造与修理等工业，同时，拟将石化工业发展为本地区重点工业之一，从而使岘港成为全国最大的石化中心之一。
南部重点经济区	胡志明市、同奈、巴地—头顿、平阳、西宁、平福、隆安7省市	胡志明市是越南的经济中心之一，工业主要有纺织、机械、制糖、碾米、烟草等，它的工业总产值约占越南全国工业总产值的四分之一。

资料来源：《越南国情报告2015》。

三 越南劳动密集型产业发展带来的机遇

从劳动密集型制造业的产业链进行分析（如图3所示），对于发展中国家而言，上游的原始要素中的土地短期内供给相对固定，而资本主要源于外部，只有劳动力（劳务）是越南相对充裕的要素；而设备和原材料等中间要素、涉及产业，各方面都比较落后；下游的产品销售，包括国内国外市场，涉及贸易。因此，越南可以从产业、贸易和劳务合作三个方面寻找机遇。

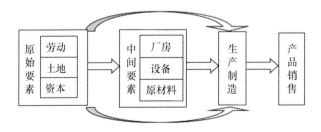

图3 劳动密集型产业的上下游产业链

（一）产业链上下游有对接需求

越南工业基础薄弱，由于长期缺乏资金的投入，历史积累单薄，以及科学技术和人才短缺，至今仍没有形成门类齐全的工业体系，配套工业跟不上产业发展的步伐，成为越南工业发展的瓶颈，大量的原料和设备依赖进口，甚至产生越南学者所称的"对外依附危机"。一方面，大量产品和原料依赖进口，如表7所示，2017年越南制造业的进口额占到了进口总额的90.7%，其中电子产品、电脑及其配件，电信设备、仪器及配件，纺织面料居于前三位，占进口总额的30.97%。以其快速发展的纺织业为例，2017年越南各类纺织品和纤维出口额为296.3亿美元，但其棉花、纤维、辅助材料等原料的进口额就达到了113.7亿美元，占到了该类原料制成品出口额的38.37%。① 再以机械加工业为例，越南成规模机械厂的数量比较少，加工技术和能力比较低，众多的机械加工企业以修理和机械的简单配件生产为主，生产需要的主要机器设备等仍然依赖进口。这些都为上游产业链发展带来了旺盛的需求。

表7　　　　　　2016年越南劳动密集型产业相关产品进口及占比情况

产品	金额（百万美元）	占进口总额比例（%）
电子产品、电脑及其配件	37706.1	17.86
电信设备、仪器及配件	16327.3	7.73
纺织面料	11366.2	5.38
初级塑料	7315.3	3.47
塑料制品	5379.4	2.55
化学制品	4087.8	1.94
药品	2819.2	1.34
缝纫辅助材料	2743.8	1.30
鞋类辅助材料	2675.8	1.27
棉花	2356.0	1.12
合计	92776.9	43.96

资料来源：《越南统计年鉴2017》。

---

① 越南国家统计局：《越南统计年鉴2017》，http：//www.gso.gov.vn/default_en.aspx? tab-id = 515&idmid = 5&ItemID = 18941，登录时间：2018年12月4日。

（二） 内外贸易市场潜力广阔

越南国内市场潜力巨大，而自身产能却无法完全满足国民消费升级的需要。2017 年，越南人口数为 9554 万，在世界各国中排第 15 位，而且人口结构极为年轻，49% 的人不到 30 岁，[①] 越来越多的年轻人陆续进入 35—54 岁的收入和开支峰值年龄，随着经济水平的发展，人均消费能力也将进一步提升。

同时，越南对外贸易前景广阔。近年来，越南积极寻求深度参与全球合作，如表 8 所示，截止到 2018 年底，越南参与的自贸协定共有 16 个，其中已经签署并生效的自贸协定 11 个，覆盖 60 多个国家，排在东盟国家第 4 位，未来更多自贸协定谈判的启动与签署将进一步提升越南在对外贸易上的优势。[②] 尽管越南是社会主义国家，但欧美发达国家认可它的市场经济地位，使得越南同欧美发达国家贸易的融合度与和谐度更高。根据 WTO 公布的数据，2010 年越南在全球进出口贸易中排第 38 位，2016 年前进到第 25 位，6 年时间超越了南非、巴西等新兴国家。当前全球贸易保护主义抬头，"中美贸易摩擦" 为中国制造业进出口带来了诸多不确定因素，中国出口面临着关税成本上升、市场订单减少的冲击，越南凭借较高的贸易自由度正在加速进军东盟乃至其他国家，可能会进一步刺激在华经营的中外企业向越南转移，而同欧盟、美国和中国贸易的发展，也将促使其产业增长潜力进一步释放。

表 8　　　　　　　　截至 2018 年底越南自贸协定签署情况

序号	自贸协定	状态	序号	自贸协定	状态
1	东盟自由贸易区	签署并生效	9	越南—欧亚经济联盟自由贸易协定	签署并生效

① World Bank Open Data， "Health-Population， total"， December 2017， https： //data. world-bank. org. cn/indicator/SP. POP. TOTL? locations = VN&view = chart:，登录时间：2017 年 12 月 11 日。

② Asia Regional Integration Center， "FTA by Country/Economy-Vietnam"， June 2018， https： // aric. adb. org/fta-country，登录时间：2018 年 9 月 20 日。

序号	自贸协定	状态	序号	自贸协定	状态
2	东盟—澳大利亚和新西兰自贸协定	签署并生效	10	韩国—越南自贸协定	签署并生效
3	东盟—印度全面经济合作协定	签署并生效	11	全面与进步跨太平洋伙伴关系协定（CPTPP）	签署并生效
4	东盟—日本全面经济伙伴关系	签署并生效	12	东盟—中国香港自贸协定	签署但尚未生效
5	东盟—中国全面经济合作协定	签署并生效	13	区域全面经济伙伴关系（RECP）	谈判启动
6	东盟—韩国全面经济合作协定	签署并生效	14	越南—欧洲自由贸易联盟自贸协定	谈判启动
7	越南—智利自由贸易协定	签署并生效	15	越南—欧盟自由贸易协定	谈判启动
8	越南—日本经济伙伴关系协定	签署并生效	16	越南—以色列自贸协定	谈判启动

资料来源：亚洲区域一体化中心，https：//aric. adb. org/fta-country。

（三）对外劳务输出意愿强烈

越南人口持续增长，但是产业发展水平制约了其就业吸纳能力。1986年越南人口总量为6025万，到2017年已经达到9554万，增加了3529万人，成为世界排名第十五的人口大国。根据2007—2017年的原始数据，采用一元线性回归模型预测，越南2018—2037年劳动力人口总量仍将保持稳定增长（如表9所示），人口红利还将持续很长时间；从人口结构上看，呈现中间大两头小的橄榄形结构，以青壮年为主，2016年劳动适龄人口（15—64岁）占比70%，劳动力资源比较丰富，人口的少儿负担系数为32.97%，老年人口负担系数为9.89%，总负担系数为42.86%。[1][2] 而

---

① World Bank Open Data，"Health-Population，total"，December 2017，https：//data. world-bank. org. cn/indicator/SP. POP. TOTL? locations = VN&view = chart；，登录时间：2017 年 12 月 11 日。

② 比较而言，2015 年中国少儿负担系数为 22.6%，老年人口负担系数为 14.38%，总负担系数 36.98%。2000 年至今，中国 60 岁及以上人口一直在加快增长，2015 年达到 2.22 亿，占总人口的 16.15%，预计 2020 年达到 2.48 亿，老龄化水平达到 17% 左右，2025 年将达到 3 亿，中国将成为超老年型国家，2030 年加上少儿负担系数的总负担系数将超过 50%。

2016 年越南全国主要加工制造业从业人口为 675.8 万人，其中主要劳动密集型产业人口为 594.3 万人，农业领域仍然有 60% 的劳动力资源，[①] 存在着劳务转移和输出的需求。2014—2017 年，越南连续第四年劳务输出超过 10 万人。[②]

表 9　　　　　　2018—2037 年越南劳动力人口预测值　　　　（单位：万人）

年份	劳动力人口	年份	劳动力人口
2018	5889.91174	2028	6755.49604
2019	5976.47017	2029	6842.05447
2020	6063.0286	2030	6928.6129
2021	6149.58703	2031	7015.17133
2022	6236.14546	2032	7101.72976
2023	6322.70389	2033	7188.28819
2024	6409.26232	2034	7274.84662
2025	6495.82075	2035	7361.40505
2026	6582.37918	2036	7447.96348
2027	6668.93761	2037	7534.52191

资料来源：根据《越南统计年鉴》2007—2017 年数据计算而得。

四　中国与越南劳动密集型产业合作的建议

改革开放 40 年来，劳动密集型产业的发展助推中国成为"世界工厂"和世界第二大经济体，但是随着中国生产要素成本的上升，国内劳动密集型产业发展面临瓶颈。当前，越南正被世界投资者青睐，凭借较低的劳动力成本和较大的发展潜力，承接了许多转移的国际产业。在"一带一路"大力推进的背景下，未来中越劳动密集型产业必然会有更为深入的合作与竞争。作为对越合作的前沿，广西应该积极承接东部发达地区转移的劳动

①　越南国家统计局：《越南统计年鉴 2017》，http：//www.gso.gov.vn/default_ en.aspx？tab-id = 515&idmid = 5&ItemID = 18941，登录时间：2018 年 11 月 4 日。

②　中华人民共和国商务部：《2017 年越南劳务输出人数创新高》，2018 年 1 月 16 日，ht-tp：//www.mofcom.gov.cn/article/i/jyjl/j/201801/20180102699227.shtml：2018 - 04 - 03，登录时间：2018 年 5 月 20 日。

密集型产业，充分发挥其"一带一路"重要门户的优势，抓住当前越南劳动密集型产业发展的机遇，促进双边产业合作升级和共同发展。

（一）壮大西南边境优势产业

当前，中国经济发展不平衡不充分在地区之间首先体现在东中西部地区的巨大差异，而"一带一路"倡议则为西部地区尤其是边境地区追赶与发展创造了新的机遇和平台。因此，国家应积极引导产业发展，合理规划布局，协调促进东部劳动密集型产业向西南边境省份梯度转移，西部边境省份也要充分发挥自身区位、资源、劳动力和市场需求优势，增强吸引力和竞争力，广西可以结合越南当前产业发展需求，积极承接东部发达地区转移的纺织、电子产品等上下游相关产业。例如，广西蚕丝产量居全国首位，拥有蚕茧最大生产地的优势资源，凭借越南丰富廉价的劳动力，吸引东部沿海的蚕丝企业投资建厂，可以增强对越纺织原料的出口能力。又如，越南对农机产品的需求稳步上升，广西与越南地形地貌相似，农业机械研发制造有一定产业基础，南宁市拖拉机厂自 1985 年开始向越南出口拖拉机，市场占有率一度达到 60%，并且借道进入泰国、缅甸等东盟国家。[①]因此，广西可以依托国内完备的工业体系，加强与研发机构的合作，形成农产品精深加工，农机、林化等对越优势突出，具有区域特色的产业体系。

（二）积极构建跨境分工网络

中国应大力促进中越经贸发展，积极建设跨境共享平台，构建跨境产业分工网络体系，与越南优势产业形成互补合作。中央和地方实施了诸多政策和建设了平台支持，名头众多、内容复杂，但是未形成政策平台之间的合力。以广西为例，广西先后建立了两大边境经济合作区、七大综合保税区和多个跨境电商产业园，仅凭祥市就拥有重点开发开放试验区、跨境经济合作区、综合保税区、边境经济合作区、北部湾自由贸易试验园区五

---

① 《第九十四期：中国一东盟机电市场分析》，中国一东盟自由贸易区，2015 年 7 月 14 日，http://www.cafta.org.cn/show.php? contentid = 75431，登录时间：2017 年 9 月 14 日。

大国家战略平台。因此，要提升政策的科学性和协调性，各级政府应整合政策资源，形成叠加优势，创造更好的产业承接和发展条件。可以东兴和凭祥的经济合作区为重点，采取"两国双园"国际产能合作模式，充分利用中国和东盟"两种资源两个市场"，实行"两国一区、境内关外、自由贸易、封关运作"的管理方式，集聚国际物流配送、进出口加工贸易、跨境金融、跨境电商、跨境劳务合作等业务，大力发展农副产品加工、红木加工、林业加工等特色产业，建设面向东盟的配套加工基地。例如，在越南政府重点发展的农产品加工业方面，越南有农林水产品加工厂约6610家，从业人数约150万人，行业规模较大，但是主要以初级农产品加工和销售为主，[①] 80%农产品要通过附加外国"品牌"这一中间环节销往外国市场。而广西2016年农产品加工业总产值居制造业第三位，在劳动密集型产业中位居第一，因此可以大力发展广西与越南跨境农业合作，在越南建立原料生产基地，利用越南劳动力，解决"用工荒"问题，同时还要加强与国内高校和科研机构合作，加大对研发设计和品牌营销等方面的扶持，实现农产品加工产业的升级转型。又如，在电子信息产业方面，广西可以发挥北海产业园的"领头羊"作用，依托以北海、南宁、桂林为区域中心的电子信息产业聚集区，积极对接越南电子信息产业发展需求。

（三）延伸贸易的纵深腹地

中国与越南海陆相连，而广西正是"一带一路"的重要门户，要积极将广西打造成为面向东盟的国际大通道、西南中南地区开放发展新的战略支点。对外要以"设施联通"促进"贸易畅通"，加快公路、高铁、机场、港口建设，统筹协调边境口岸的区域分工、空间布局、功能定位，改造升级基础设施。以北部湾为例，一湾连七国，要为广西发挥联通中国和东盟以及其他国家经贸往来的纽带作用夯实基础。对内应深度挖掘毗邻粤港澳、背靠大西南的综合区位优势，主动加快与广东互联互通，加速融入粤港澳大湾区建设，同时加强与四川、贵州、重庆、甘肃等省份合作，推进海、陆、空运输方式的有机衔接，打造中国西南地区最便捷的出海和出边

---

① 中华人民共和国商务部：《越南鼓励企业大力发展农产品加工业》，2014年12月31日，http：//www.mofcom.gov.cn/article/i/jshz/new/201412/20141200853990.shtml，登录时间：2018年4月4日。

大通道，加快国内各地货物向越南、东盟、欧盟出口的速度。加大贸易便利化改革力度，优化沿边口岸通关及进出口环节行政审批流程，着力打造"智慧"口岸，实施快速通关模式。积极推广区域一体化和信息共享的通关监管模式，加快电子口岸通关服务平台和国际贸易"单一窗口"建设，推进跨境口岸互联互通，提升双边贸易效率；同时，要完善过境货物的服务链和产业链，推动贸易由穿省而过向落地加工转变，鼓励发展"互市＋加工""前岸中区后城"的模式，通过发展口岸经济扩大贸易规模，以港、产、城联动，形成"前岸后厂""前岸后市""前岸后镇"等特色的中越边境贸易带，以产业支撑加深双边合作，提升经济整体的外向度。

（四）创新跨境劳务合作模式

越南当前正处于"人口机会窗口"期，正在享受大规模的人口红利，农村人口绝对量仍在增加，2017 年达到 6085.82 万人，占总人口比例高达 65%，① 仅与广西接壤的广宁等四省，就有 208.5 万劳动力，存在劳动力跨境输出需求。② 巨大的农村富余劳动力红利为中国，特别是中国西南边境地区提供了良好的劳务合作机遇。在政策层面上，应加强两国政府不同层面的劳务合作政策对接。政策相通是"一带一路"倡议推进中"五通"建设的重要内容，是促进其他方面互联互通的基础。广西虽然在跨境劳务合作方面已开展试点工作，但仍然存在多头管理、责权交叉、信息不通等问题。要进一步整合部门力量，理顺管理机制、简化审批流程、降低办证费用，可以探索按照"先纳入、后管理，先管理、后规范，先规范、后完善"的原则，由用工企业对已经合法入境但未办理手续的务工人员进行系统登记备案。开发跨境务工人员管理信息系统，以及用工单位、劳务公司和跨境务工人员的征信系统，推进信息交换共享，按照"谁使用、谁负责"的原则，确保跨境务工人员在其申报的务工种类和区域范围内活动。创新跨境务工人员的分类管理模式，采取类似季节性移民签证的模式，在收割甘蔗、稻谷等农忙季节，集体审核办理短期跨境务工居留许可，将普

---

① 越南国家统计局：《越南统计年鉴 2017》，http：//www. gso. gov. vn/default_ en. aspx？ tab-id＝515&idmid＝5&ItemID＝18941，登录时间：2018 年 11 月 4 日。

② General Statistic Office of Vietnam，"Statistics Data-Population and Employment"，August 2010，http：//www. gso. gov. vn/default_ en. aspx？ tabid＝774，登录时间：2017 年 11 月 15 日。

遍存在的非法季节性务工纳入合法管控范畴。在设施层面，以中国—东盟职业教育联盟为平台，构建官方、社会等多方参与的跨境劳务培训体系，共建中越跨境劳务人才培育基地，既要加强跨境劳务的劳动技能培训，推动职业培训合作与资格互认，也要注重劳务人员的语言沟通能力、法律法规和社会融入等方面的教育，提高他们的综合素质和专业技能，及时适应中国产业发展升级的用工需求。在民心层面，2017 年 11 月习近平主席访问越南时强调，要加大对人文领域的投入，广泛开展民间交往，增进两国民众特别是青年一代的相互了解，夯实中越关系民意基础。广西在与越南地缘优势的基础上，应充分发挥边民互市的桥梁作用，建设睦邻友好城市，加强民间社会团体的交流沟通，开展广泛的社会活动，增进双边民众的互相了解与信任，为跨境劳务合作奠定和谐的社会关系基础。

五 结论

近年来，越南劳动密集型产业取得了长足的发展，推动了经济的快速增长，但是也存在过度依赖外资、产业层次低、产业配套能力不足、空间分布不均衡、富余劳动力吸纳能力有限等突出问题，而其产业链上下游有对接需求、内外贸易市场潜力广阔、劳务对外输出意愿强烈等现实情况，给中国西南边境地区带来了一定的机遇。

随着"一带一路"倡议的持续推进，中越双边战略加速对接，两国互补需求扩充，未来合作潜力和空间仍然较大。中国西南边境的广西作为"一带一路"的重要门户和对越合作的前沿，更要紧紧抓住对越合作的战略机遇期，推进同越南政策沟通、设施联通、贸易畅通、资金融通、民心相通，加强同越南劳动密集型产业的合作。在产业方面，要积极承接东南沿海产业转移、壮大传统优势产业，积极构建跨境分工网络，深化对越南和东盟的产业合作；在贸易方面，要充分发挥沿海沿边、面向东盟背靠中南、西南、华南的独特区位优势，大力打造南向大通道，将贸易腹地向东盟、欧盟，以及中国西南、中南地区延伸；在劳务合作方面，夯实跨境劳务合作的民心基础，创新劳务合作管理模式，充分利用越南人口红利，共建劳务培训体系，建立信息共享互换体制，最大化释放劳务合作潜力。只有充分利用"天时、地利、人和"等多重优势，积极主动与越南协商沟通，完善产业、贸易和劳务合作等多方面的法律和规章制度，减少制度性和体制性的障碍因素，才能实现自身的快速发展。

The Development of Labor-intensive Industries
in Vietnam and Opportunities for China
Under the Belt and Road Initiative

Zhou Junxu　Chang Yajun He Huirong　Chen Ying　Zhao Jing

Abstract　With the advantages of demographic dividend and low labor cost, Vietnam has attracted a large number of foreign capital in recent years, which leads to rapid development of labor-intensive industries. The scale and the market competitiveness of labor-intensive industry in Vietnam have been improved, forming certain competition and challenge for China. But there are still some underlying problems, such as high degree of industrial dependence on foreign countries, low added value of products and unbalanced industrial distribution. Under the Belt and Road initiative, China and Vietnam are investing greater efforts in linking development strategies and the bilateral economic and trade relations between two countries are becoming closer and closer. In the future, with the implementation of the two countries' cooperation agreement and the building of the "five links", there will be many new opportunities for China, especially for Guangxi and other provinces in the southwestern border area to cooperate with Vietnam on labor-intensive industries.

Key Words　the Belt and Road Initiative; China-ASEAN cooperation; labor-intensive industries

Authors　Zhou Junxu, Researcher at China-ASEAN Collaborative Innovation Center for Regional Development, Professor/Doctoral Supervisor at School of Public Policy and Management of Guangxi University. Chang Yajun, He Huirong, Chen Ying and Zhao Jing, Postgraduates of School of Public Policy and Management of Guangxi University.

会议综述

Conference Review

2018 年中国—东盟大学（国别与区域研究）智库联盟论坛综述

陈园园

【摘要】 2018 年 9 月 11—12 日，"中国—东盟大学（国别与区域研究）智库联盟论坛"在中国广西壮族自治区南宁市召开。与会专家学者们以"中国—东盟创新战略伙伴关系：合力、担当与共赢"为主题，围绕"共赢与发展：中国—东盟战略伙伴关系 15 周年回顾与愿景展望""创新与建设：中国—东盟创新共同体构建""合作与责任：各国推动区域发展角色"，以及"共识与行动：中国—东盟合作前景与策略"等议题进行深入交流和研讨。本文对与会专家学者的观点进行综述。

【关键词】 中国—东盟战略伙伴关系　智库联盟

【作者简介】 陈园园，广西大学中国—东盟研究院，研究助理。

2018 年是中国—东盟战略伙伴关系建立 15 周年。15 年来，双方政治互信不断加强，经济合作与人文交流频繁，各领域合作取得了令人瞩目的成就。如何在新的国际环境下加强合作以促进共同发展，成为各国共同关注的问题。2018 年 9 月 11—12 日，广西壮族自治区人民政府、中联部"一带一路"智库合作联盟以及中国—东盟中心共同在中国广西壮族自治区南宁市召开"中国—东盟大学（国别与区域研究）智库联盟论坛"。40 多位来自国内和东盟国家、国际组织的专家学者、高校智库代表出席了论坛，以"中国—东盟创新战略伙伴关系：合力、担当与共赢"为主题，围绕"共赢与发展：中国—东盟战略伙伴关系 15 周年回顾与愿景展望""创新与建设：中国—东盟创新共同体构建""合作与责任：各国推动区域发展角色"，以及"共识与行动：中国—东盟合作前景与策略"等多个议题进行深入交流和探讨。

一　开幕致辞与主旨演讲

（一）开幕致辞

在开幕致辞环节，中国—东盟中心秘书长陈德海认为，中国—东盟大学智库联盟论坛对于深度探讨国别和区域研究，帮助促进国际交流和合作，推动中国和东盟的共同发展起到了非常重要的作用。东盟大学联盟（ASEAN University Network，"AUN"）执行主任柯蒂斯·迪拉提提（Choltis Dhirathiti）肯定了中国—东盟大学智库联盟论坛作为一个分享观点见解、开展合作、探讨问题的重要平台的作用，希望与会者共享经验和优势，本着互信、共建的态度，今后搭建起一个更加稳固的中国—东盟大学学术交流机制。中联部当代世界研究中心副主任王立勇认为，中国—东盟大学智库联盟应该加强四个方面的合作，共同为中国—东盟合作贡献力量：一是加强制度网络建设沟通协调；二是共同促进双方务实合作；三是积极培养民间友好使者；四是主动引领中国东盟合作的走向。教育部中外人文交流中心主任杜柯伟对于如何促进智库研究的国际合作交流、加强中国—东盟人文交流、共同应对双方关系发展面临的挑战和问题提出三点建议：一是通过健全平台产出优秀成果；二是通过联盟合作培养友好使者；三是通过研究交流促进民心相通。

（二）主旨演讲

在主旨演讲环节，中国社会科学院国际研究学部主任张蕴岭认为，中国—东盟的发展面临很多挑战：第一，开放、发展的环境正在发生重大变化，中国—东盟构建的区域经济连接和合作框架需要抓住新科技革命的机遇，搭建新的合作平台；第二，中美战略性对抗加剧的背景下如何构建中国和东盟的战略伙伴关系并寻求共识与协同发展，要发挥东盟的协调作用、构建作用以及导向作用；第三，共同认知度不高，需要增进感情、增加认同。张蕴岭提出，面对挑战，首先，要保持定力，增进信任；其次，智库应该发挥更大的作用，要研究挑战性问题，提出应对方案。比如教育合作应该要进行超前性研究；中国和东盟应该研究海洋新秩序等问题。新问题需要新的思考、新的探索与新的思维方式，要充分利用变化的环境、新技术提供的挑战和机会，落实和夯实中国—东盟命运共同体建设。

原全国政协外事委员会委员、中国人民争取和平与裁军协会副会长、前中国驻乌兹别克斯坦大使于洪君回顾了"一带一路"倡议提出的背景和发展现状，总结了中国与东盟取得的成就。于洪君表示，"一带一路"也面临挑战和困难，要提高共商、共建、共享、共赢的认识，减少纠纷和摩擦；对政权变化给"一带一路"带来的风险必须有充分的估计和预案；要注意恐怖主义的安全风险；对域外势力的干扰进行充分的研究，要把消极因素变为积极因素，要把破坏力量变成建设力量；要在舆论引导方面、民心相通方面多做工作，把消极的舆情控制好；要学会运用两种规则即国内规则和国际规则，学会协调、对话、合作；要在基础设施方面加大互联互通；要将金融合作做大做强；要扎实推进人文交流、民心相通工作，把命运共同体概念深植到中国人和东盟各国人的心里。

二　共赢与发展：中国—东盟战略伙伴关系 15 周年回顾与展望

在第一个议题环节，6 位专家对中国—东盟战略伙伴关系 15 年来走过的历程、取得的成就以及面临的机遇和挑战进行了回顾，并就进一步推动经济贸易、非传统安全等方面的合作，实现共存共荣的双赢目标提出了各自的见解。

（一）中国—东盟战略伙伴关系

马来亚大学中国研究所（Institute of Chinese Studies, University of Malaya）代主任饶兆斌（Ngeow Chow Bing）提出，要考虑在东南亚大国倡议背景下，共同地、更好地理解主要大国以及中小型国家的各项倡议，以便抓住这些机会充分实现各国的发展。

老挝国立大学亚洲研究中心（Asia Research Center, National University of Laos）主任布阿顿·盛堪考拉旺（Bouadam Sengkhamkhoutlavong）对进

一步推动中国—东盟双边关系的发展提出 4 个建议：第一，互信和合作；第二，把"一带一路"倡议和东盟互联互通行动规划结合起来；第三，中国和东盟应该彼此学习借鉴，以便将双方的怀疑、猜忌转变为共同的利益和福祉；第四，要让更多的利益相关者参与进来。他认为，有共同的愿景、共同的社区和共同的身份，就可以获得和平、稳定与繁荣。

（二）中国—东盟经济关系

菲律宾雅典耀大学社会科学院（School of Social Science，Ateneo de Manila University）院长费尔南多·泰·阿尔达巴（Fernando T. Aldaba）提出，希望能够实现蓝色经济的共同开发；进一步推动旅游业合作；共同建设更多的基础设施；共同提高自然灾害的治理能力；推动区域全面经济伙伴关系协定（RCEP）的快速发展。希望中国—东盟的经济合作能够得到进一步的扩展，共同推动 RCEP 谈判取得积极进展，以便为区域经济发展提供新动能。

中国出口信用保险公司国别风险研究中心综合规划处处长王东，从信用保险的角度说明信保如何助力中国—东盟经贸关系的发展。王东提出，金融机构应该与中国信保建立项目信息共享机制，联合组建专业技术团队，加大人员交流和业务培训力度，共同对外开展营销。同时，他建议外国政府可以优先选择信用保险工具，撬动大量低成本资金；建立整体合作关系，开展融资和投资合作；避免对商业合同进行双重征税和投资保护。

（三）中国—东盟非传统安全合作

新加坡南洋理工大学拉惹勒南国际研究学院中国项目（China Programme, S. Rajaratnam School of International Studies, Nanyang Technological University）负责人李明江认为，中国应该清楚地认识到在非传统安全方面需要付出更多的努力。中国和世界其他大国必须要协调力量和资源，帮助东盟各国以及东南亚各国解决本地区的非传统安全和气候灾害问题；应该建立中国—东盟的机构化关系，将中国对东南亚地区的天气灾害或者自然灾害援助项目写入双方协议。

（四）中国—东盟未来双赢之道

暨南大学国际关系学院、华侨华人研究院院长张振江认为，中国与东盟国家要互相尊重对方的利益和变化，才能共存并实现更高程度的共荣。中国—东盟关系框架不仅是中国和东南亚、中国—东盟的双边关系产物，也是整体区域框架内的一个体系，或者是整个全球体系中的一个环节，因此，要从自己和对方的角度出发，相互尊重对方的需求。中国—东盟关系发展可以促进区域和平，形成竞争性的区域合作关系，能够使国家之间的合作迈向新台阶。只要双方有基本的善意和信任以及耐心，就不会因为一时半会出现的问题而感到担忧。

三　创新与建设：中国—东盟创新共同体构建

秉承共存、共荣的理念，两位学者在第二个议题环节从国别、双边以及区域等视角入手，就如何创新与建设命运共同体、如何创新各国发展模式、如何协调区域发展等问题分享了各自的观点，为深化中国—东盟关系、推动中国—东盟创新共同体构建献计献策。

（一）中泰经济与贸易的新模式

清迈大学东盟研究中心（ASEAN Economic Research Center, Faculty of Economics, Chiang Mai University）主任尼西·攀塔米（Nisit Panthamit）提出，应继续秉持"中泰一家亲"的理念，开展更多的人文交流；希望中国国有企业尤其是省级国企到泰国进行投资，将泰国的城市跟中国的内陆城市联系起来；希望中国高校可以和泰国学府进行合作，特别是年轻学者之间加强交流。

（二）LMC 和 GMS 的协调与发展

云南大学国际关系学院副院长卢光盛认为，澜沧江—湄公河合作（LMC）和大湄公河合作（GMS）的协调发展既是推动澜湄国家命运共同体建设的需要，也具备发展条件。要实现两者的进一步协调和发展，要以和平共存为前提，明确 LMC 和 GMS 是协同发展的关系，不同体制之间实现优势互补；搭建 LMC 和 GMS 对话对接协调平台，在"一带一路"框架下推动 LMC、GMS 和东盟互联互通的对接；引入亚洲基础设施投资银行（AIIB）和亚洲发展银行（ADB）参与 LMC 和 GMS 合作项目，开展澜湄流域可持续发展的全球合作，构建湄公河全球研究网络。

四 合作与责任：各国推动区域发展角色

在第三个议题环节，8 位专家与学者对于各国在区域发展中的角色以及相应的责任进行了分享交流。中国学者强调要夯实共识基础，清除思想障碍，细化发展规划与政策；柬埔寨学者提出要抓住发展机遇，建设基础设施，响应"一带一路"倡议；泰国学者侧重于科技与教育研究的创新与合作，提出以中泰合作带动东盟的合作与发展；越南学者认为要加快推进中越经贸合作，促进区域经济走廊的对接。

（一）中国：坚定共识 细化政策 履行职责

国家领土主权与海洋权益协同创新中心副主任兼郑州大学分中心主任、郑州大学越南研究所所长于向东认为，推动中越、中老建设命运共同体，要落实中越两党、两国领导人和中老两党、两国领导人达成的共识；坚持社会主义方向，坚持党的领导；加深中越、中老发展利益的融合；加大舆论宣传力度和民心沟通工作力度。中国—东盟商务理事会执行理事长许宁宁分析了中国—东盟战略伙伴关系进入新阶段的内外部因素，认为要推动经济合作，提质增效，并细化经济规划和加强政策的对接。

暨南大学国际关系学院副教授、东南亚研究中心副主任邓应文提出，走进东盟地区的企业要充分理解企业社会责任的概念以及重要性，对照并力争达到国际社会的标准。邓应文提出两点建议：第一，政府要重视对"走出去"企业进行教育和培训，出台鼓励措施；第二，对于管理不良的企业予以严厉的惩罚。

中国社会科学院马克思主义研究院国际共运研究部副主任潘金娥从中越跨境经济合作区推进中存在的各种问题入手，指出要增强两国之间的政治互信,清除建设经济合作区的各种思想障碍,加强顶层设计、捋顺关系,统筹协调各部门、各地方和口岸的职能、功能和利益关系。

(二)柬埔寨:抓住机遇建设基础设施,响应"一带一路"倡议

柬埔寨金边皇家大学 21 世纪海上丝绸之路研究中心〔Cambodia 21st Century Maritime Silk Road Research Center(CMSRRC),Royal University of Phnom Penh〕主任尼克·占达里(Neak Chandarith)认为,在"一带一路"建设的过程当中,柬埔寨特别强调要不断地加强公路、港口等的投资建设,加强柬埔寨与其他国家的水路、空路和陆路互联的合作。柬埔寨要抓住"一带一路"带来的产能发展的机会,促进经济发展,从而逐步升至全球产业链的中上游。另外,柬埔寨在产业合作方面有广泛的前景和广阔的空间,柬埔寨会制定一系列辐射到 2025 年的产业政策,与中国"一带一路"倡议配套。

(三)泰国:合作与创新

朱拉隆功大学亚洲研究所(Institute of Asian Studies, Chulalongkorn University)研究员邢馥虹(Kulnaree Nukitrangsan)表示,为了应对中国—东盟创新合作中的一些挑战,中国当下的知识产权法律需要得到改善。中国和东盟可以在许多不同的领域开展创新合作,共同携手打造属于两个区域的创新生态系统。邢馥虹认为,泰国的创新主要体现在教育和科技研发方面,希望中泰之间的合作能够帮助加强地区间的经济和科技合作。

(四)越南:推动中越合作 促进区域经济走廊对接

越南河内国家大学经济与政策研究院中国经济研究所(Vietnam Institute for Economic and Policy Research, Vietnam National University)主任范士诚(Pham Sy Thanh)认为,中越贸易对越南有重要的战略意义,中越两国的合作早已存在,但是进展缓慢,需要学者多加琢磨,给政府提出更好的政策性建议。

越南发展战略研究院国际研究所（Department for International Studies, Vietnam Institute for Development Strategy）所长阮国长（Nguyen Quoc Truong）认为，在新的时代背景下，合作建设中越经济走廊以及新的经济走廊迎来了新的机遇。未来，中国、越南、老挝、缅甸可以合力建设河内—万象经济走廊和西贡—金边经济走廊，把中—越—老—柬经济走廊对接起来。他同时也提出，新经济走廊的建设面临几个困难：国家之间的法律差异较大；国家之间的铁路的轨道不一致；越南和中国的交通发展差距较大；越南、老挝、柬埔寨基础设施建设领域缺乏资金；安全问题，特别是南海问题，给中越关系带来不利的影响等。他强烈建议：首先，到2020年，中越应该考虑先把"两廊一圈"①的合作范围扩大；其次，2020—2025年实现中国—越南经济走廊、中国—老挝经济走廊以及中国—柬埔寨经济走廊之间的对接。此外，要共同合作解决法律对接问题，越老柬三国应积极争取国际贷款；中越两国应协商处理好南海问题。

五　共识与行动：中国—东盟合作前景与策略

在第四个议题环节，三位专家与学者围绕货币合作、人文交流等问题进行了探讨，在深刻剖析存在的问题的基础上，提出了切实可行的路径对策和推进策略。

（一）货币合作

中共广西区委党校"一带一路"研究院院长张家寿认为，把人民币作为货币锚的条件已经基本具备。他提出，未来进一步推进把人民币作为货币锚，需要推动跨境金融创新，创新金融服务机构，优化外汇服务管理，

① 2004年5月20日，越南总理潘文凯在对中国进行国事访问时，向温家宝总理提出了共建"两廊一圈"的提议。2004年10月6日至7日，温家宝总理对越南进行了正式友好访问，其间两国政府发表了《中越联合公报》。公报强调了两国之间在"长期稳定、面向未来，睦邻友好、全面合作"方针的指引下，从全局和战略高度出发，拓展互利合作，不断推动中越关系迅速、全面和深入发展。公报中重点提到了双方同意在两国政府经贸合作委员会框架下成立专家组，积极探讨"昆明—老街—河内—海防—广宁"、"南宁—谅山—河内—海防—广宁"经济走廊和环北部湾经济圈的可行性。至此，"两廊一圈"成为两国政府的合作构想。

加强中国—东盟金融交流合作，完善金融基础设施跨境合作机制，建立健全金融风险防范机制。

（二）跨国电商

印尼蓝迪智库执行主席兼秘书长吴永升认为，印尼正迎来中小型企业电商发展的时代，为中国及其他东盟国家带来了发展的机遇。但是由于政策指导、电商技术等方面的欠缺，印尼电商发展也面临挑战。他建议搭建中国—东盟博览会电商平台，并且在中国和东盟国家开办电商活动，将技术和资金带到"一带一路"沿线国家。

（三）人文交流

广西区委党校"一带一路"研究院院长助理张斌提出，要加强与东盟国家的文化认同和融合，进一步完善人文交流保障运行机制，拓展人文交流的主体，进一步发挥国家领导人及重要领导、智库、非政府组织、民间组织和个人的作用，突出发挥东盟各国华侨华人作用，进一步调动在跨国企业工作和从事对外贸易工作的人员及与东盟有相关业务联系的参与者的主体能动性，形成中国公民全民外交的局面，推进中国—东盟人文交流内容和方式上的创新。

六　结语

在本次论坛上，各与会专家秉承开放包容的精神，对中国—东盟战略伙伴关系的历程与未来发展方向、各国在其中充当的角色与承担的职责等问题展开了广泛深入、富有成效的交流与探讨。通过此次论坛，来自中国与东盟各国的专家结合本国实际，分享观点、共享知识，提出了许多具有战略性、综合性以及创新性的重要观点、意见和建议，既对过去15年历程进行了总结与反思，也为将来开展更加深入、更切实际和更具价值的研究，为中国和东盟在政治、经济、文化等领域的合作，提供了理论支撑和实践基础。本次论坛的成功举办，将进一步推动中国—东盟问题研究国际化平台的搭建，推动中国—东盟国家间大学智库的交流与合作。

15th Anniversary of China-ASEAN Strategic Partnership: Review the Past and Look Forward Innovatively
—Forum Summary of China-ASEAN University (Country and Regional Studies) Think-Tank Network

Chen Yuanyuan

Abstract   The Forum of China-ASEAN University (Country and Regional Studies) Think—Tank Network was held in Nanning city of Guangxi Zhuang Autonomous Region from September 11th to 12th, 2018. Focused on the theme of China-ASEAN strategic partnership for innovation: Synergy, Responsibility and Win-win cooperation, experts and scholars conducted in—depth exchanges and discussions on issues including "Win-win cooperation and development: Review and Prospect of the 15th Anniversary of China-ASEAN Strategic Partnership", "Innovation and Construction: Construction of China-ASEAN Innovation Community", "Cooperation and Responsibility: Roles of Countries in Promoting Regional Development", and "Consensus and Action: Prospects and Strategies for China-ASEAN Cooperation". This article is a summary of major opinions and perspectives of experts and scholars at the forum.

Key Words   China-ASEAN Strategic Partnership; Think-Tank Network

Author   Chen Yuanyuan, China-ASEAN Research Institute of Guangxi University, Research Assistant.

"开放、共享、创新、互融"

——2018 年中国—东盟大学（国别与区域研究）智库联盟论坛之中国—东盟金融合作会议综述

李希瑞

【摘要】2018 年 11 月 2—3 日，中国—东盟大学（国别与区域研究）智库联盟系列论坛之一的中国—东盟金融合作（2018）论坛在广西大学举行。本次论坛以"开放、共享、创新、互融"为主题，来自国内与东盟国家的专家学者们围绕四大议题——"'一带一路'与中国金融双向开放""人民币汇率形成机制与汇率走廊""'一带一路'国际产能合作与跨国公司金融服务"以及"中国东盟金融合作与大数据平台建设"，以分论坛的形式进行了热烈而务实的讨论。

【关键词】中国　东盟　金融合作

【作者简介】李希瑞，广西大学中国—东盟研究院，研究助理。

2018 年 11 月 2—3 日，中国—东盟大学（国别与区域研究）智库联盟系列论坛之一的中国—东盟金融合作（2018）论坛在广西大学举行。会议由中国—东盟区域发展协同创新中心、中国—东盟大学智库联盟和广西大学联合举办，广西大学国际学院、中国—东盟研究院、中国—东盟信息港大数据研究院和中国—东盟大学智库联盟秘书处共同承办。本次论坛以"开放、共享、创新、互融"为主题。在开幕式上，广西大学校长赵跃宇，人民银行南宁中心支行党委书记、行长崔瑜，中国银行广西区分行副行长杨向东和中国农业银行广西区分行副行长胡涌致辞，诺贝尔经济学奖得主、麻省理工学院管理学院金融学特聘教授、维迪控股有限公司常驻科学家罗伯特·C. 莫顿（Robert Carhart Merton）和商务部国际经济与贸易合作研究院原副院长、全国日本经济学会副会长李光辉发表了主旨演讲。在接下来的会期中，20多位国内和东盟国家的相关专家学者就"'一带一路'与中国金融双向开放""人民币汇率形成机制与汇率走廊""'一带一路'国际产能合作与跨国公司金融服务"以及"中国—东盟金融合作与大数据平台建设"四个议题进行了观点分享和圆桌讨论。

一　开幕式致辞与主旨演讲

（一）开幕式致辞

在开幕式致辞中，赵跃宇校长希望本次论坛能够推动各国政府、企业、社会组织和个人的合作，携手推进中国—东盟金融合作的创新发展，共建"一带一路"金融支撑体系，打造中国版金融全球化新秩序和新格局。崔瑜女士在致辞中对中国—东盟大学智库联盟提出了在金融发展方面的展望。她指出，开放合作只有进行时，没有完成时，希望各方借助中国—东盟大学智库联盟平台，积极地融智融新，进一步实现智慧互通、人才互补、资源共享，拓展中国—东盟金融双向开放的智库，创新金融服务"一带一路"建设的方式，共享"一带一路"建设的新成果，共同营造开放合作发展的新高地。

中国银行和农业银行作为中国重要的金融机构，其在广西的分支机构都表示未来将会继续支持中国与东盟金融关系的发展并积极参与中国—东盟大学智库联盟的活动。中国银行广西区分行杨向东副行长表示，中国银行与广西区、市两级政府就深化改革、支持企业走出去，推动"一带一路"互联互通基础设施建设，助力广西打造面向东盟的金融开放门户建设等合作已经达成了一系列的共识。未来，中国银行将继续以"一带一路"金融大动脉建设为契机，加快全球业务拓展。作为中国—东盟区域发展协同创新中心的协同单位，中国农业银行广西区分行胡涌副行长表示，农业银行将加强与中国—东盟区域发展协同创新中心的合作交流，共同加强研究与创新，拓宽与东盟国家的金融合作领域，提升跨境人民币清算服务的质量，推动人民币与东盟国家货币兑换。

（二）主旨演讲

在主旨演讲中，莫顿教授和李光辉教授分别围绕金融科技（FinTech）和"一带一路"产能合作两个主题进行了观点分享。

金融科技，即金融服务电子化，正给全球带来巨大的机遇。但是，莫顿教授指出，金融科技能否成功地被广泛运用，取决于它能否克服来自信用、信用风险、创新风险和监管四方面的挑战。其中，信用是金融服务的关键，透明度或者检验都只是信用的替代品。信用是金融科技成功的根本，而金融科技的成功也将增加信用的价值。莫顿教授认为，科技本身并不足以创造信用，仅仅有技术的金融科技将会被那些本质上无法透明的服务和产品所挑战。信用需要具备"值得信任"和"具有能力"两个要素，而创造和恢复信用需要依靠监管的不断创新。

当前，世界经济局势严峻。李光辉教授认为，在中国推动"一带一路"建设、参与国际产能合作的过程中，机遇与挑战并存。首先，对于中国而言，进行"一带一路"产能合作可以增强工业化的"外溢"效应，深化新兴工业化发展。其次，在推动沿线国家产能合作的同时，还能缓解中国产能过剩的问题。最后，"一带一路"产能合作可以深挖对外贸易潜能，构建对外开放新格局，加快区域经济合作，促进亚、非、欧、太平洋地区经济一体化新格局的形成。但是，在中国参与国际产能合作的过程中，也要注意中国的参与有可能导致区域竞争加剧、中国企业海外投资风险增大、对象国政策差异对与中国的合作造成障碍以及国际负面舆论对中国参与国际产能合作造成干扰等问题。

二 "一带一路"与中国金融双向开放

（一）回顾金融改革开放40年

2018年正值中国改革开放40周年，与会专家学者就40年来中国金融领域的发展做了回顾和总结。天津财经大学原副校长、天津市人民政府参事王爱俭教授从机制改革、市场开放、行业准入和货币国际化4个视角梳理了中国的金融开放进程，简单概括为：人民币汇率形成机制、以互联互通模式开创国内金融市场国家化新局面、自贸区试点加大金融服务业对外开放力度以及以贸易机制与投资交易职能为重点稳步推进人民币国际化对称。从行业领域的角度，南开大学经济学院院长、长江学者特聘教授梁琪认为，中国金融领域的改革开放可以归纳为4个领域的发展：一是银行业深化改革；二是非银行金融机构得到推动；三是资本市场得到发展；最后是不断扩大金融开放程度。结合中国经验，中国人民大学信用管理研究中心执行主任关伟教授及其博士生将中国金融市场基础设施的延伸功能总结为中心化趋势下的金融科技探索、广泛性——金融普惠发展和信用性——信用体系建设。

（二）微观层面

南开大学经济学院院长、长江学者特聘教授梁琪将研究下沉到微观层面，探究中国式影子银行、股权激励异质性、外汇风险对冲与企业创新之间的关系。他认为金融租赁阻碍了创新，委托贷款无此作用，而委托贷款的中国式影子银行反而促进了金融创新。同时，他指出，中国高管能够促进上市公司创新，而非高管则会导致创新质量下降。另外，外汇风险对冲也能够促进中国上市公司创新。

中央财经大学金融学院院长李建军教授和前东亚银行（中国）有限公司深圳分行行长兼区域总监金孝贤先生分别关注的是企业利润和投资方面的问题。以2009—2017年中国上市公司的数据为基础，李建军教授分析了"一带一路"倡议与企业第四利润源之间的关系。通过模型构建和实证检验，他认为"一带一路"倡议通过降低市场交易成本，特别是销售和财务成本，的确为中国企业营造出了第四利润源。其中，与非民营企业相比，民营企业利润率增长得更为显著，工业较非工业而言利润更大。企业在赚取利润的同时还要注意管控风险，金孝贤先生指出了企业投资中需要注意的具体问题。他认为，尽管汇率风险是中国企业面对的最为突出的风险之一，但是却常常被忽略。更需要注意的是，对冲风险本身也有风险，交易对手的汇率风险也需要得到重视。另外，尽管收购与合并是企业提升规模、弯道超车的利器，但是成功率远远低于失败率，因此，企业要避免因盲目扩张而使自身陷入困境。

（三）展望未来

王爱俭教授认为，要实现金融开放，推进中国经济高质量发展的预期目标，必须满足三大条件：实体经济发展良好运行提供契机、金融市场不断完善提供基础以及宏观经济调控加强和改善提供保障。针对"一带一路"背景下金融市场基础设施的建设与发展，关伟教授及其博士生认为，要进一步推动"一带一路"沿线国家对金融基础设施设计框架的讨论，要鼓励"第三方"市场化机构参与零售金融服务探索，要借鉴"特区模式"以及加强各国金融市场基础设施研究与人才培养合作。

三　人民币汇率形成机制与汇率走廊

（一）人民币国际化的前景

新加坡南洋理工大学商学院应用金融教育中心主任李文庆（Lee Boon Keng）副教授认为，人民币不仅需要国际化，出于对与美国的货币政策脱钩和影响全球通胀预期的需要，人民币还应该在国际上享有一定的主导地位。针对人民币能否成为"一带一路"沿线国家的"隐性锚"，上海财经大学现代金融中心主任丁剑平教授给出了自己的观点。他指出，目前来说，在中亚地区引入"人民币锚"具有重要的现实意义，而人民币成为货币锚的特征在东南亚地区显著。但是在大宗商品美元计价区域和传统"美元区"的"惯性"难以在短时间内改变，尤其是在西非和北非地区。

（二）人民币汇率机制

柬埔寨 CamEd 商学院斯帕德·林（Siphat Lim）副教授对人民币汇率错位进行了量化研究。他以 2000—2016 年的数据建立了 VAR 和 VEC 模型。研究结果显示，人民币在大部分时间里都是被低估的。吉林大学经济学院副院长王倩教授进一步就中国应该采用的汇率政策进行了探究。她认为，在中国资本项目尚未完全开放的背景下，境外利率上涨和本币贬值等外部冲击将通过不同的影响方式引起企业前期累计的外币融资规模缩减，并以货物贸易为渠道实现相关债务类资金的流出，从而使货物贸易项下的资金流动与进出口贸易背景相互背离，加剧外部冲击下货物贸易渠道的短期资本流动冲击。因此，对中国而言，稳定汇率政策要比汇率贬值政策更有利。同时还应该加强对中国运营中心的监管，并对资本市场机遇进行预警。广西大学商学院金融与财政系副主任刘骞文教授则对人民币汇率形成机制中的"逆周期因子"进行了研究和分析。他指出，"逆周期因子"的引入引发了人民币汇率预期的逆转，并且显著地缓解了人民币汇率的贬值压力。但是，他表示，"逆周期因子"对人民币交易等产生的影响还需要进行长期观察。

（三）国别和区域研究

清迈大学经济学院研究院楚克·柴博恩斯（Chukiat Chaiboonsri）博士对人民币与东盟五国①货币之间的依附结构以及联动性机制进行了研究。他的研究结果显示，无论人民币升值或者贬值，都对东盟五国货币产生联动影响，而且相互还存在依赖结构。人民币升值所产生的联动较贬值时更强。另外，中国和东盟五国，6 个国家之间的联动对贸易和经济发展所产生的影响达到 60% 以上。

其他来自东盟国家的学者还就货币汇率管控及影响问题分享了本国的相关经验。老挝正致力于从美元化经济到多货币经济（美元、泰铢和人民币）的转型，老挝国立大学老挝—日本研究院副院长巴吉特·翁芬达拉（Phanhpakit Onphanhdala）博士通过对比基普（Kip）兑美元和兑泰铢的汇率在正式银行体系和黑市中的不同，认为老挝央行现在还没有办法控制黑市，他提出，老挝央行必须要重新考虑并调整目标区间，提高商业银行的竞争力，尽力避免黑市出现。针对汇率和企业出口之间的关系，越南国立大学——经济和商业大学国际商务与经济学院副院长阮锦荣（Nguyen Xuan Dong）博士以越南企业为案例，认为越南货币对美元的贬值对出口产生了明显的影响，但是出口量所受影响远远比出口量明显。另外，不同的制度上的特征和质量也会对公司的出口行为产生不同影响，例如，透明的商业环境和较低的非正式成本都会对公司出口产生正面效应。

---

① 东盟五国为：马来西亚、印尼、菲律宾、泰国和新加坡。

四 "一带一路"国际产能合作与跨国公司金融服务

(一)"一带一路"的金融支撑体系

南京财经大学江苏创新发展研究院院长闫海峰教授分析认为,"一带一路"倡议提出五年来,金融体系对"一带一路"的支持很多,但是还存在金融创新力度不足、服务深度不够、产品设计单一和保障体系较脆弱的问题。他认为,"一带一路"建设的进一步深化需要金融在支撑体系、服务体系、产品设计体系、立体风控体系以及安全保障体系上进行创新。闫教授特别指出,"一带一路"建设背景下金融创新的本质应该是人民币国际化的推进。广西大学副校长范祚军教授也对"一带一路"建设中的金融支撑体系建设提出了政策建议。基于"资金融通"的逻辑框架,通过分析"一带一路"建设中的金融需求和功能,范教授认为,"一带一路"倡议下的金融支撑体系的构建需要分时期、分步骤、由境内向境外来进行。在国内要形成一个政策性、开放性、商业性和私人资本共享收益与风险的金融支撑体系,增加对开放性金融支撑的发展力度,在国际上要促进相关国家的投融资便利度,建立起稳定的货币体系和统一的信用体系。

(二) 中国与东盟的国际产能合作

从供需视角来看,新加坡国立大学亚洲竞争力研究所所长陈企业(Tan Khee Giap)副教授认为,"一带一路"背景下的产能合作符合中国和东盟双方的利益,因为中国需要向外释放国内过剩的产能,而东盟国家需要培育产能。马来西亚博特拉大学经济与管理学院经济系罗雄鸿(Law Siong Hook)副教授通过评估中国跟东盟之间的显性优势,发现中国和东盟成员国在所需产品是互补的,因此东盟是中国进行国际产能合作的市场。但是世界银行国际金融公司亚太区首席投资官李耀博士特别提醒,尽管中国和东盟的依存关系非常紧密,但是需要清晰地认识到双方在利益上存在很大的差异。印尼加札马达大学社会与政治学院东盟研究中心副研究员里扎·诺尔·阿尔法(Riza Noer Arfani)博士进一步就东盟地区的产能合作趋势进行了实证研究。他以日本丰田汽车在东盟地区的价值和产业链为研究主题，从宏观和微观两个层面说明制造业生产正朝着本地化的方向发展，并且能够帮助本地产业进行升级。

五 中国—东盟金融合作与大数据平台建设

（一）中国—东盟金融合作

围绕中国和东盟进行金融合作的必要性、挑战和应对之策，与会专家学者进行了探讨。从东盟内部不足出发，缅甸曼德勒大学国际关系学院庭庭其（Thin Thin Kyi）博士认为，东盟的金融发展是不平衡的，而政府无法独立解决这些问题。为了推动金融资源的自由流动和合理分配，降低金融资源供给不平衡所带来的矛盾，中国和东盟有必要在未来加强彼此之间的金融合作。老挝国立大学经济与商业管理学院会计系主任夏孔·玛尼拉（Xayphone Kongmanila）以老挝和中国进行金融合作所带来的好处证明中国和东盟进行金融合作的必要性。中国的金融机构不仅解决了老挝融资难的问题，也为老挝的中小企业和许多本地项目提供了融资便利，帮助老挝培养了人才，改善了老挝人民的生活。

从共同打击洗黑钱等金融犯罪问题入手，厦门大学马来西亚分校经管学院金融系叶得利（Yap Teck Lee）博士提出，中国—东盟金融合作需要往共同建设大数据监管平台的方向发展，推行"金融大数据+"的区域合作概念，建立更为广泛的以"金融安全为先"的金融合作关系，促进未来更大范围的区域金融市场的共同发展繁荣。中国与东盟成员国之间应该不断协商，解决金融数据共享在隐私权方面的法律法规限制问题，出台促进区域金融大数据共享的行业规划和技术标准，尽可能确保金融安全监管平台符合各方的利益，由中国与东盟各国中央银行牵头，协商从最低的数据开放标准以及数据安全使用规范做起，建立金融行业的统一监管平台。

（二）外资和经济发展

结合金融生态环境、经济增长和FDI效应进行研究，广西大学商学院副院长申韬教授从经济层面就中国对东盟过去十年的投资效率的问题进行了评估，并根据研究结果，以推动双边经济增长为目标，为中国对东盟十国进行投资提出了三大建议：首先是实行差异化投资策略；其次是改善投资环境，促进欠发达国家实现转型；最后是合理制定投资策略，控制投资风险。与申韬教授从投资方的角度出发不同，越南国立大学——经济和商业大学国际商务与经济学院国际金融系副主任阮氏武河（Nguyen Thi Vu Ha）博士从外资接收方的角度进行研究，指出外资流动性强是导致越南宏观经济不稳定和越南出现金融风险的一个重要原因，并建议政府首先要选择适当的监管工具，同时还要考虑采取有效手段管控资本流入。

六　结语

2018 年是中国改革开放四十周年，是东盟第二个五十年的开局之年，更是中国—东盟建立战略伙伴关系的十五周年。在过去的十五年里，中国和东盟不断深化彼此的合作，在政治上深化互信，在文化上交织交融，在经济上日益密切。以推动"一带一路"倡议和建设中国—东盟命运共同体为背景，中国和东盟之间如何深化金融合作，如何实现货币融通，如何以金融合作为基础来深化产能合作、基础设施建设等多领域合作交流，都是中国和东盟下一阶段需要重点关注和解决的问题。本次论坛作为中国—东盟大学智库联盟（2018）系列论坛之一，诚邀来自中国和东盟成员国的杰出学者围绕中国—东盟金融合作及相关热点，各抒己见、群策群力，为不断深化中国—东盟金融合作提供思路和方案。

"Openness, Sharing, Innovation and Integration" —Forum Summary of "ASEAN-China University Think-Tank Network: China-ASEAN Financial Cooperation 2018"

Li Xirui

Abstract　2nd – 3rd, November 2018, Forum of ASEAN-China University

Think-Tank Network: China-ASEAN Financial Cooperation 2018 was held in Guangxi University. The forum was themed on "Openness, Sharing, Innovation and Integration" and there were four parallel sessions on four topics — "'The Belt and Road Initiative' and China's Financial Two-way Opening" "RMB Exchange Rate Formation Mechanism and Exchange Rate Corridor" "International Production Capacity Cooperation in Context of 'The Belt and Road Initiative' and Multinational Financial Services" and "China-ASEAN Financial Cooperation and Big Data Platform Construction", each was participated by scholars and expertise from China and ASEAN countries.

Key Words　China; ASEAN; Financial Cooperation

Author　Li Xirui, China-ASEAN Research Institute of Guangxi University, Research Assistant.

附　录

Appendix

中国—东盟区域发展协同创新中心简介

中国—东盟区域发展协同创新中心由广西壮族自治区人民政府主导，联合中共中央对外联络部、外交部、商务部、中国农业银行，由广西大学牵头，协同国内外重点高校、重要科研院所共同组建。中心以打造"国家急需、世界一流、制度先进、贡献重大"的中国特色新型高校智库为目标，致力于发展中国—东盟领域政治、经济、国防、外交等重大问题的合作与创新研究，培养"东盟通"特殊人才，服务"一带一路"等国家战略。

中国与东盟的合作虽然取得了巨大的成就，但随着外部环境和外生因素的变化，新问题也层出不穷，严重影响和制约着中国与东盟国家在政治和经济领域的合作与发展。为加强对中国—东盟区域发展重大理论与实践问题的综合研究，为中国—东盟命运共同体建设、中国—东盟关系发展提供理论支持、政策咨询和人才支持，中心于2015年3月15日在北京举行了第二轮组建签约。

第二轮组建签约后的中国—东盟区域发展协同创新中心由28个单位构成。主要包括牵头单位广西大学，核心单位10家（云南大学、暨南大学、南开大学、对外经济贸易大学、西南交通大学、中国人民解放军国防大学战略研究所、中国社会科学院亚太与全球战略研究院等），支撑单位6家（外交部亚洲司、外交部政策规划司、商务部亚洲司、商务部国际贸易经济合作研究院、中共中央对外联络部当代世界研究中心、广西壮族自治区人民政府办公厅），成员单位11家〔南京大学商学院、外交学院亚洲研究所、中央财经大学金融学院、中国人民大学国际关系学院、厦门大学东南亚研究中心、中国—东盟商务理事会、安邦咨询公司、东中西区域改革和

图1 中国—东盟区域发展协同创新中心组建签约仪式

发展研究院、广西国际博览事务局（中国—东盟博览会秘书处）、广西金融投资集团、中马钦州产业园区管委会〕。

中心依据《理事会章程》要求，围绕中国—东盟命运共同体间"讲信修睦""合作共赢""开放包容"的建设目标，秉承"精简、高效"的原则，实行理事会领导，学术委员会对学术问题把关的中心主任负责制。目前，中心共有49支共229人的研究团队，分别由协同创新中心主任、首席科学家担任主要负责人，分布在10个协同创新平台中。发展培育期间，中心已产出了200多项应用成果和400多项高水平理论成果。这些成果均具有重要的经济和社会效益，为政府制定有关中国—东盟区域发展的重大项目决策提供了理论依据和支持，也为我国现代化建设、经济理论创新和话语体系构建做出了贡献。

发展目标

中国—东盟区域发展协同创新中心的建设，将以国家和东盟区域发展的重大需求为导向，以中国—东盟全面战略合作伙伴关系发展中的重大协同创新研究任务为牵引，以服务中国—东盟区域发展实践和理论创新重大需要为宗旨，提升科研、学科、人才"三位一体"创新能力，优化国际问题研究全方位创新环境，努力将中心建设成为集科学研究、学科建设、人才培养、智库建设、体制创新于一体，世界一流的区域发展理论创新高地、政策咨询智库和人才培养基地，打造中国高校特色新型智库，使中国—东盟区域发展协同创新中心成为具有国际重大影响力的学术高地。

·科学研究

世界一流的区域发展理论创新高地。中共中央对外联络部、外交部、商务部和广西壮族自治区人民政府的共同支撑将在科研上体现创新。建立知识创新机制、体制创新机制，营造有利于协同创新机制形成的环境和氛围，打造中国高校特色新型智库。

·学科建设

建成中国—东盟区域发展国家特色学科。在研究的过程中，中心将凝练学科方向、汇聚学科队伍，构筑学科基地，制定学科建设规划，创新研究成果，形成新学科课程基础，有计划地举办全国或国际学术会议、接受国内外同行研究人员参与相关项目研究，发挥对外学术交流窗口作用，努力将创新中心建成本学科的全国学术交流和资料信息高地。

·人才培养

国际知名的创新型人才培养基地。"7校2院、2央企"的协同机制，并有5所高校作为成员单位加入，实现人才培养"需求与供给"对称，可以建立跨国家、跨学科、跨学校、跨领域的人才培养平台。

·智库建设

国际著名的中国特色新型智库。中国—东盟区域发展协同创新中心科研团队的组建涉及党、政、军、学、研、企各行业，既有理论研究人员，又有实践部门的案例支持，科研成果的决策应用性将更加突出"政、产、学、研、用"一体化试验田。机制创新、制度创新作为协同创新中心建设的关键，可以为人文社科领域科学研究开设试验田，在探索高等学校科研体制改革方面发挥示范和辐射作用。

代表性成果

协同机制建立以来，中国—东盟区域发展协同创新中心的牵头单位和协同单位共承担东盟研究领域的各级科研项目316项，其中，国家社会科学基金项目55项，国家自然科学基金项目24项，中央部委课题委托55项；产出学术著作191部，学术论文837篇；200多项应用成果为党和政府采纳；取得获奖科研成果63项。

平台与研究团队集成

中国—东盟区域发展协同创新中心围绕"讲信修睦""合作共赢"

"守望相助""心心相印""开放包容"的中国—东盟命运共同体目标，加强 10 个创新平台建设。协同机制形成后，将集中形成 6 个研究团队。这 6 个研究团队集成，共有 49 支研究队伍，分别由协同创新中心主任、首席科学家担任主要负责人，分布在 10 个协同创新平台。

中心打破协同单位原有界限，实行"校校协同""校院协同""校所协同"，以课题和任务为纽带，形成"你中有我、我中有你"的紧密型合作。为了充分调动协同单位的积极性和创造性，增强责任感，充分发挥协同高校在基本理论研究、人才培养、学科建设方面的优势，中共中央对外联络部、外交部、商务部和广西壮族自治区人民政府、中国社会科学院在科学研究、政策咨询方面的优势，以及中国农业银行、国家开发银行在现实案例、数据库建设方面的优势，中心对各协同单位在建设中的分工都有所侧重。

广西大学国际学院简介

广西大学国际学院成立于 2018 年 6 月。由原中国—东盟研究院、中国—东盟学院、中加国际学院、国际教育学院、广西大学复杂性科学与大数据技术研究所等 5 个单位整合而成。作为广西大学最年轻的学院之一，国际学院承担着广西大学国际化战略的重要任务。目前，国际学院主要负责广西大学与美国、法国、加拿大等国知名大学的交流与合作。项目包括：中加国际学院、中美"3+1"本科、中美"3+1+1"本硕连读、中法"1.5+3.5"本科等。同时，学院还负责全校留学生的招生与管理、对外汉语教学等国际教育事务。

学院的发展得到了学校的高度重视。广西大学副校长范祚军教授兼任首任院长，覃成强教授任学院党总支部首任书记，王玉主研究员任执行院长。各级领导多次到学院检查和指导工作，为学院的发展带来了强大动力。

国际学院目前拥有教职工 109 名，其中中方教职工 98 名，外籍教师 11 名；在读中国学生 546 名，其中博士研究生 15 名，研究生 35 名，本科生 496 名。截至 2018 年，国际学院负责招收、管理全校留学生 2251 名，招生规模特别是留学生数量呈逐年递增趋势。

国际学院是广西大学国际化的窗口。学院结合区域发展趋势，坚持特色化办学、国际化发展的定位，不断融合先进办学理念，创新人才培养模式，为区域社会经济文化发展服务，利用自身国际化水平以及科研平台优势，向建设一流学院不懈努力。

广西大学中国—东盟研究院简介

　　广西地处中国面向东盟开放的前沿地带，具备与东盟国家陆海相邻的独特优势，正积极构建面向东盟的国际大通道，打造西南、中南地区开放发展新的战略支点，形成"一带一路"有机衔接的重要门户。习近平、李克强等党和国家领导人曾多次作出重要指示，肯定广西在中国—东盟合作中的重要地位，并明确要求广西积极参与中国—东盟自由贸易区（CAFTA）建设、泛北部湾合作、GMS次区域合作，充分发挥中国—东盟自由贸易区前沿地带和"桥头堡"作用。2005年，时任自治区党委书记刘奇葆作出指示，"要加强对东盟的研究，找到合作的切入点，认真做好与东盟合作的战略规划，提出行动计划"。时任自治区党委副书记潘琦、时任自治区人民政府常务副主席李金早批示，批准广西大学联合广西国际博览事务局，整合全区高校和相关部门的研究力量，在原广西大学东南亚研究中心（1995年成立）的基础上，成立中国—东盟研究院，为正处级独立建制，以东盟经济问题为切入点，研究中国—东盟双边贸易以及CAFTA建设中的重大理论、政策及实践问题，并在此基础上辐射至中国—东盟关系研究。

　　2005年1月中国—东盟研究院成立时，下设中国—东盟经济研究所、中国—东盟法律研究所、中国—东盟民族文化研究所，主要研究方向涉及中国—东盟关系及东南亚国家的经济、法律、文化及民族等方面的问题。为适应中国—东盟关系的发展变化，2011—2013年中国—东盟研究院进一步细化研究领域，强化研究深度，调整运行架构，将机构设置增加、调整为10个国别研究机构（越南、缅甸、老挝、泰国、文莱、新加坡、马来西亚、印度尼西亚、菲律宾、柬埔寨10个国别研究所）和10个专业研究机构（中越经济研究院、广西大学21世纪海上丝绸之路研究中心、澜沧江—湄公河经济带研究中心、中国—东盟产业发展与生态环境研究中心、国际关系研究所、民族与文化研究所/骆越文化研究中心、法律研究所、中马产业园研究中心、中国—东盟战略研究所、中国—东盟财政金融政策研究中心），并启动建设中国—东盟研究国际在线研讨平台和中国—东盟全息数据研究与咨询中心，强化科研基础设施建设。

2013年6月1日，中共中央委员、广西壮族自治区党委书记、自治区人大常委会主任彭清华同志就中国—东盟重大课题研究和中国—东盟研究团队、研究机构的建设与发展作出重要指示："广西大学中国—东盟研究院，在高校里很有特色，有独特的地位。广西在中国—东盟关系里面，不管是一个桥头堡还是一个开放前沿，都有一个独特的区位优势，我们把广西大学中国—东盟研究院办好，加强科研团队建设，有利于更好地发挥广西在发展中国—东盟合作关系中的作用。中国—东盟研究团队多年来积累了一些研究成果，对我们今后更务实、有效地改进中国—东盟、广西—东盟的关系很重要，希望继续把它做好。"

近年来，中国—东盟研究院以"长江学者""八桂学者"为重点目标，以"特聘专家"等方式引进国内外高校及研究机构的科研骨干，跨学科交叉组建研究团队。经过长期建设发展，中国—东盟研究院已成为全国从事东盟领域研究人数最多的机构之一：现有优秀科研人员共121人，其中专职人员42人，校内兼职人员79人（科研管理与考核在研究院，教学在其他学院），教授（研究员）共有45人，专职人员中拥有国家"百千万"人才工程人选1人、国家级有突出贡献中青年专家1人、教育部"新世纪优秀人才"2人、"八桂学者"1人、广西新世纪"十百千"人才工程第二层次人选3人、享受政府特殊津贴专家2人、广西高校百名中青年学科带头人4人、广西高校优秀人才3人。校内兼职人员中，院士1人、长江学者2人、中国科学院百人计划人选1人、全国教学名师1人。校外兼职研究人员61人，国外合作研究人员9人。

目前，中国—东盟研究院作为"自治区人文社科重点研究基地"，牵头建设中国—东盟区域发展协同创新中心，实施"中国—东盟战略伙伴关系研究'部、省、校'协同创新工程"，争取"中国—东盟区域发展协同创新中心"进入国家级协同创新中心行列。在此基础上，中国—东盟研究院拟申报"教育部人文社会科学重点研究基地"，未来将为中国—东盟关系领域的全面研究提供更广阔的平台。

广西大学中国—东盟研究院立足地缘和区位优势，研究中国—东盟双边贸易以及 CAFTA 建设中的重大理论、政策及实践问题，在国内乃至东盟国家有重要影响。以广西大学中国—东盟研究院为主要建设载体的"中国—东盟经贸合作与发展""211"重点建设学科群已经成为广西在该领域独占鳌头的强势学科，主要学科（专业）建设或研究方向已经达到国内领先水平。

1. 中国—东盟关系发展战略、合作机制与规则研究

以教育部重大攻关项目"推进一带一路海上丝绸之路建设研究"，国家社会科学基金项目"中国—东盟关系中政治与经济互动机制研究"、"《东盟宪章》、《东盟经济共同体蓝图》等文件生效后的中国—东盟合作关系研究"等国家级项目为研究平台，以中国—东盟自由贸易区发展进程为主线，涵盖中国—东盟合作及其影响因素（涉及地缘关系与政治、经济、民族文化、管理等方面）、CAFTA 推进策略、CAFTA 各成员国国别政策研究、中国—东盟关系发展趋势、南中国海问题等。该研究方向涉及政治学、经济学、法学、管理学、文学五大学科门类 11 个二级学科，突出学科交叉协同研究的组合优势，研究成果直接服务于中国—东盟关系发展战略的制定与实施。

2. 中国—东盟经贸合作与区域经济一体化研究

以教育部哲学社会科学研究重大课题攻关项目"中国—东盟区域经济一体化研究"、国家社会科学基金重点项目"中国—东盟旅游与贸易互动关系研究"、国家社会科学基金项目"中国—东盟自由贸易区成员国宏观经济政策协调理论研究"、"中国西南地区与东盟区域农业合作研究"等国家级项目为研究平台，主要研究中国—东盟经贸合作细分领域、合作策略、推动战略，研究中国—东盟区域经济一体化进程及其影响因素，研究解决中国—东盟区域经济一体化建设的理论关键问题以及理论和实践相结合的现实问题。该研究方向是广西大学东盟研究领域传统优势的再持续，涉及应用经济学、理论经济学、国际关系学等多个学科，突出多校联合和部校联合的创新协同优势，研究成果直接服务于中国—东盟自由贸易区的推进和深化、中国—东盟博览会、中国—东盟商务与投资峰会。

3. 中国—东盟产业合作、资源综合利用与生态保护研究

以国家社会科学基金重大项目"CAFTA 进程中我国周边省区产业政策

协调与区域分工研究"、国家自然科学基金项目"自由贸易与跨境通道对地缘经济区的重塑——基于 C-P 模型的实证研究"等国家级项目为研究平台，研究中国—东盟产业合作与协调的相关政策、产业分布与资源要素禀赋、产业成长与资源综合利用以及与之相关的环境生态等问题。本研究方向特色在于文、理、工、农多学科交叉，实现自然科学与社会科学的有机结合。本研究团队汇集了院士、长江学者、八桂学者等高端人才，横跨文科与理工科两大截然不同的领域，证明人文社会科学与理工农科相结合确实能够实现效益倍增，科研成果充分体现部、省（自治区）、校协同研究服务地方经济发展的协同创新优势。

广西大学中国—东盟研究院获得全国东盟研究领域第一个教育部哲学社会科学研究重大课题攻关项目和第一个国家社科基金重大项目，开创了广西人文社会科学研究的里程碑，成为中央有关部委、自治区党委、政府及其相关部门、地方各级党委、政府的重要智囊单位，研究成果或入选教育部社会科学委员会专家建议，中共中央对外联络部、教育部内参和成果摘报，或获得党中央、国务院和自治区主要领导批示，在学术界和社会上有较大的影响，研究成果居国内领先水平。

展望未来，中国—东盟研究院将本着跨学科、跨区域、跨国家的开放式研究平台建设思维，整合国内外该领域研究力量，创新科研团队形成机制，融合政治学、历史学、民族学等多个边缘学科，研究中国—东盟关系问题，并扩展到跨国界区域性国际经济合作理论与实践问题。"中国—东盟区域发展"作为应用经济学一级学科的新设二级创新学科，以博士点和硕士点建设为契机，以"中国—东盟关系与区域发展"作为研究对象，试图形成完整的中国—东盟关系研究多学科互动研究体系，使本研究团队的理论研究具有前沿性、基础性、支撑性。

《中国—东盟研究》征稿启事

一、来稿要求作者严格遵守学术规范，引用的文献、观点和主要事实必须注明来源。独著或第一作者原则上应该具有副高及以上职称或具有博士学位。来稿一般不超过 15000 字为宜。来稿一经录用，我们将视情给予稿酬。

二、为规范排版，请作者在投稿时一律以 WORD 格式，严格按照以下要求：

1. 论文要求有题名（中英文）、内容摘要（中英文、200 字以内）、关键词（中英文、3—5 个）、作者简介（中英文）。

2. 基金项目和作者简介按下列格式：

【基金项目】：项目名称（编号）。

【作者简介】：姓名、工作单位、职务、职称、所在城市、邮政编码和联系方式（电子信箱和手机号码）。

3. 文章一般有引言和正文部分，正文部分用一、（一）、1、（1）编号法。插图下方应注明图序和图名。表格应采用三线表，表格上方应注明表序和表名。正文为五号宋体，题目三号宋体加粗，一级标题四号宋体加粗，二级标题小四宋体加粗，行间距 1.25 倍行距，脚注小五号宋体。

4. 引文注释均采用页下注（脚注）形式列出，参考文献不再列出。一般应限于作者直接阅读过的、最主要的、发表在正式出版物上的文献，具体参见附件"《中国—东盟研究》引文注释规范"。

三、文责自负。本刊实行匿名评审制度，确保论文质量。在尊重原作的基础上，本刊将酌情对来稿进行修改，不同意者请在来稿中说明。如投稿二个月内未接到任何采用通知，作者可另行处理。切勿同时一稿多投。

四、为适应我国信息化建设，扩大本刊及作者知识信息交流渠道，本刊已被《中国学术期刊网络出版总库》及 CNKI 系列数据库收录，其作者文章著作权使用费与本刊稿酬一次性给付。免费提供作者文章引用统计分析资料。如作者不同意文章被收录，请在来稿时向本刊声明，本刊将做适当处理。

五、未尽事宜由《中国—东盟研究》编辑部负责解释。

投稿电子邮箱：zg-dmyj@ gxu. edu. cn

著作约定与声明

如无特别声明或另行约定，来稿一经刊用，即视为作者许可本刊使用该稿件的专有发表权、发行权、复制权、网络传播权等。凡在本刊发表的文章获奖或被其他报刊转载、摘登等，请及时通知本刊编辑部。本刊允许转载、摘登和翻译，但必须注明出处，否则视为侵权。

《中国—东盟研究》编辑部
2018 年 3 月

附：《中国—东盟研究》引文注释规范

1. 中文注释

对所引用的文献第一次进行注释时，必须将其作者姓名、文献名、出版社、出版时间、所属页码一并注出。具体格式举例如下：

（1）专著

王子昌：《东盟外交共同体：主体及表现》，时事出版社 2011 年版，第 109—110 页。

（2）译著

［美］汉斯·摩根索：《国家间的政治——为权力与和平而斗争》，杨岐鸣等译，商务印书馆 1993 年版，第 30—35 页。

（3）论文

徐步、杨帆：《中国—东盟关系：新的起航》，《国际问题研究》2016 年第 1 期，第 35—48 页。

2. 外文注释（以英文为例）

同中文注释的要求基本一致，只是论文名用引号，书名和杂志名用斜体。具体格式举例如下：

（1）专著

Robert O. Keohane and Joseph S. Nye, *Power and Interdependence: World Politics in Transition*, Boston: Little Brown Company, 1997, p. 33.

（2）论文

Amitav Acharya, "Ideas, identity and institution-building: from the 'ASEAN Way' to the 'Asia-Pacific way?'", *The Pacific Review*, Vol. 10, No. 3, 1997, pp. 319 – 346.

（3）文集中的论文

Steve Smith, "New Approaches to International Theory", in John Baylis and Steve Smith eds., *The Globalization of World Politics*, Oxford: Oxford University Press, 1998, pp. 169 – 170.

3. 互联网资料注释

互联网资料格式参照以上中英文注释的要求，同时需要注明详细的网址以及登录时间。

（1）中文资料

许宁宁：《中国与东盟走过了不平凡的 20 年》，新浪财经网，2011 年 7 月 28 日，http://finance. sina. com. cn/g/20110728/151310223248. shtml，登录时间：2015 年 9 月 6 日。

（2）英文资料

Richard Heydarian, "Japan Pivots South, with Eye on China", The Asia Times online, 26 January, 2013, http://www. atimes. com/atimes/Japan/OA26Dh01. html，登录时间：2015 年 12 月 22 日。